情報ということば

—その来歴と意味内容

情報ということば

——その来歴と意味内容

小野厚夫
Atsuo Ono

はじめに

情報の概念について論ずる人は多い。しかし、これほど「情報」ということばが氾濫していながら、日本における「情報」ということばの成り立ちについて本格的に調べた人はごくわずかで、特に戦前の「情報」の使われ方については、ほとんどよく知られていないというのが実情である。

私が「情報」の用例をさかのぼって調べるようになったのは平成に入ってからのことで、その動機となったのは、当時「情報」は森鷗外が造語したというのが通説であったが、造語という言い方に疑念を抱いたのと、情報処理学会の学術講演会でいまは亡き大島進が、鷗外が『戦論』で「情報」と「状報」を使い分けていると講演したことによる。

何分にも私にとっては専門外の分野に係わる調査だったため、大学勤務中は片手間に作業を進めざるを得なかった。おそらく、先達たちによって調べはすでに行き届いていると思っていたのだが、実際に始めてみると、意外なことに、調べらしい調べはほとんど行われていないことが明らかになった。

それまでの調査では、日清戦争以前に「情報」の用例は見つからないということであった。しかし、実際には古い兵書に多くの用例が存在しており、それらの資料から、鷗外造語説は誤りであることがすぐにわかった。そこで明治期を中心に用例を調べ直し、「情報」が日本語として普及していくありさまを明らかにすることができた。

「情報」という語についても調べている国文学者の山田俊雄は、『日本のことばと古辞書』の中で、「資料の裏附けのない憶測の説が、近代語について、ことに翻訳語について多く語られている昨今の情況は必ずしも屢ばしくはない」と書いている。まさに、当を得た発言ということができよう。

そこでこの本では、私がこれまで集めた「情報」の用例資料を基にして、「情報」ということばが日本で造語されてから日本語として一般化し、定着するまでを中心に、これまで「情報」ということばがどのように使われてきたのか、その履歴をたどってみることにした。

なお、文中で敬称は省略させていただいた。また、多くの資料を引用させていただいた。引用した文はできるだけ原文に近づけたが、一般読者の便を考えて、漢字の表記は当用漢字に直し、一部に句読点やスペースを追加した。旧仮名の文章に新仮名の振り仮名を振ることには抵抗があったが、やむを得ずそうした。紀年法は西暦を主にしている。また文中で用いた「戦前」と「戦後」は、特に断らない限り敗戦前と敗戦後を意味している。

目次

装幀／富山房企畫　滝口裕子

第1章　「情報」の初出

1　フランスの陣中軌典訳

明治期の造語

「情報」は中国でも使われており、漢語ではないのかと思われるかもしれない。しかし、中国研究者の実藤恵秀《さねとうけいしゅう》は、『中国人日本留学史』の増補版〔一九七〇年、くろしお出版〕の中で、中国人が認めた日本語来源の中国語として七百八十四語を挙げており、その中に「情報」が含まれている。また、上海辞書出版社が発行した『漢語外来詞詞典』〔一九八四年〕には、「情報」は日本語来源の中国語であると明記されていて、これらの資料から、「情報」は日本で造られたことばと見なすことができる。

それでは、いつ頃から「情報」は日本で使われるようになったのだろうか。

日本近代史が専門の岩田みゆきによれば、日本の歴史研究で情報が分析の手段に取り上げられるようになったのは一九七〇年代に入ってからのことだという〔『幕末の情報と社会変革』二〇〇一年、吉川弘文館〕。これらの歴史研究者たちが、江戸時代には「情報」ということばはなかったと書いているので、「情報」は明治に入ってからの造語だと考えてよい。

初期の陸軍士官教育

明治維新後、新政府の下で、陸軍はフランス式、海軍はイギリス式の編成を採用することになり、次に示す一八七〇（明治三）年一〇月の太政官令で、その旨公示された。

兵制ノ儀ハ皇国一般之法式可被為立《なさるべく》候得共《そうらえども》、今般常備兵員被定《さだめられ》候ニ付テハ、海軍ハ英吉利《イギリス》式、陸軍ハ仏蘭西《フランス》式ヲ斟酌御編成相成候条、先《ま》ツ《ず》藩々ニ於テ、陸軍ハ仏蘭西式ヲ目的トシ、漸《きざし》ヲ以テ編成相改候様《よう》、被仰付《おおせつけられ》候事

この政策にそって、陸軍では士官の教育・養成機関である兵学寮にフランスの陸軍軍人を教師として多数雇用し、また、フランスから多くの典範《てんぱん》令や教範などを取り寄せては訳し、それらの助けを借りて軍人の教育や訓練を行った。防衛庁防衛研究所が所蔵している『陸軍教育史』を見ると、当時のありさまが次のように記されている。

時ニ兵学寮ニ於ケル教科書ノ如キ、未ダ全ク完成スルニ至ラズ。外国ノ兵書及ビ典範令ニ準拠シ、随《したがっ》テ翻訳スレバ、随テ之ヲ教授スル有様ニシテ、兵学寮ノ経費ノ如キ、其ノ生徒定員ヲ百

名トシテ一ヶ月金千両ト概算セシモ、其ノ主要ナルモノハ翻訳及ビ印刷費ナリシニ、是ハ当時如何ニ将校教育ニ対シ欧州ノ智識ヲ採用スルニ汲々《きゅうきゅう》タリシカヲ知ルヲ得ベシ。

明治六（一八七三）年七月二十九日、陸軍省内必要ノ書籍ハ総テ第六局ニ於テ購入シ、其ノ需要アル局、課ニ貸与《たいよ》シ、又各寮、局、司《つかさ》ニ於テ翻訳ニ着手スル場合ニハ、一応第六局ニ打合セ、無益ナル重複ヲ来サザル様注意スベキ旨ヲ命令セリ。当時兵書翻訳ノ、如何ニ盛ンナリシカヲ想見スベシ。

陣中軌典の訳書

陸軍兵学寮では、当初、大鳥圭介が幕臣になってすぐに訳した『野戦要務』（一八六五年、陸軍所）を教育に用いていた。この原書は、一八五六（安政三）年にオランダ軍務局が編纂したものである。当時フランスでは、一八三二（天保三）年に施行された陣中軌典がそのまま適用されていて、それを一八七三（明治六）年に兵学寮の高橋維則《これのり》が『仏国陣中軌典』という書名で訳出している。しかし、普仏戦争に敗れたフランス陸軍は、時勢の変遷に伴って軌典も一新することにし、一八七五（同八）年に新式の歩兵陣中要務を制定した。

武官から文官に戻り、陸軍省の官房御用を務めていた酒井忠恕《ちゅうじょ》は、たまたまその領布本を読んで、これが陸軍にとって緊要《きんよう》で、かつ不可欠な軌典であると判断し、直ちに翻訳にとりかかった。四ヶ月ほどで翻訳を終え、本省から許可を得て、一八七六（同九）年一〇月に『仏国歩兵陣中要務実地演習軌典』という書名で内外兵事新聞局から出版した。この訳書は、木版刷りの和綴じで、三巻で構成されているが、その中で「情報」という語が二十四回ほど用いられており、これが現存する書籍に「情報」という語が現れる、最古の用例になっている。私はこの用例を一九九〇（平成二）年に見いだし、九月一五日の『日本経済新聞』朝刊の文化欄で初めて公にした。

この訳書で、「情報」が用いられている文例をいくつか示せば、次の通りである。

演習では「命令、情報ヲ伝致スル法ヲ新兵ニ慣熟《かんじゅく》セシムル」

前哨の任務の一つは「敵ノ陣地、運動、謀計ノ情報ヲ我ガ軍隊ニ通知スベキコト」であり、前哨勤務の「主旨《しゅし》ニ関スル命令、情報ヲ伝致スル法ヲ新兵ニ慣熟セシムルモ、亦《また》此ノ教習中ニ於テス」

斥候《せきこう》は「歩哨脈外ニ出テ地形ヲ細捜シ、敵ノ陣地運動ヲ注目シ、己《おのれ》ニ利スベキ情報ヲ求メ、其ノ捜索ニ方《あたり》テ忌憚《きたん》スルコトナキ者トス」

「総テ軍ノ利害ニ係ル諸情報ハ、其ノ軽重ニ因リ、或ハ口演ヲ以テ、或ハ筆記ヲ以テ、速《すみやか》ニ前衛司令ニ報道スル者トス」

「偵察ニ因テ得ル諸情報ハ、戦場中常用スル他ノ探情法ト類似スル者ニシテ、即チ旅客、囚虜《しゅうりょ》、奔来人《ほんらい》、間諜等ノ告報ナリトス。此ノ各種ノ情報ハ、宜シク対照スベキ者ニシテ、其ノ之ヲ聚《しゅう》収《しゅう》スルハ通常参謀官ニ属スル所ナリ」

ここで使われている「情報」には、いま読んでも何ら違和感がない。全ての用例を文節連合の形で示すと、次のようにまとめることができる。

情報ノ　伝致、趣《おもむき》、異同、軽重、実否

情報ヲ　求メル、欲スル、ナス、得ル、聚束《しゅうそく》スル、集聚《しゅうしゅう》スル、採収スル、伝フル、伝致スル、通知スル、進呈スル、授与スル、送致スル、適切ナラシメル

情報ハ　授与セザルナク、報道スルモノ、類似スルモノ、対照スベキモノ

情報ニ　論ナク

実地演習の目的

歩兵に対する実地演習の目的の一つは、新兵が命令と情報のそれぞれを、明瞭かつ確実に伝達

できるように習慣づけることにある。伝達の方向は、命令は下達で、上官から順次下士、兵卒へと流されるのに対して、情報の方は、おおむね、兵卒から上官の方へ流される。いずれも、途中で勝手に変更したり、脚色することは許されない。

例えば、偵察では、目的地に出向いて地形を調べたり、敵の陣地や動きを探知する。これは隠密行動ではあるが、自軍の軍服を着て、いわば公然と行う情報収集活動である。戻ってきてからその結果を上官に報告するわけであるが、そのさいに、報告者自身が目撃したこと、他人が見聞したこと、他人に尋ねて得たこと、自分が推測したことを、明確に区別して通報するように教育する。

兵法には、「伏兵ある時は鴻雁《こうがん》列を乱す」という教訓があって、後三年の役で、雁行の乱れるを見て伏のあるを知ったという、有名な故事がある。この場合、直接目にしたのは空を飛ぶ雁の動きであって、伏兵を見たわけではない。もしそうであれば、伏兵がいるというのは単なる推測に過ぎず、この場合、見もしなかった伏兵がいたと報告してはいけない。実際に見たことと、推測されることを、はっきりと区別して報告するよう、日頃から訓練するのである。

斥候から報告を受けた上官は、さらに自分の上官や周りの部隊へその情報を報告する。そのさい、情況によっては、実際に目撃した兵士を連れて上官に報告するよう指導している。このことは、軍隊では、一次情報を重視していることを意味するものである。

情況を判断するさいに、情報は重要な役割をはたす。しかし、軍事理論家のクラウゼヴィッツ

(Clausewitz)も指摘しているように、戦場において得られる情報の多くは事実と異なり、嘘や偽《いつわ》りだったり、すこぶる不確実なものが多い。したがって、指揮官は、できるだけ多方面から多くの情報を集め、真実か偽りかを判断した後でなければ、その情報を作戦の指導に利用することができない。このため、戦場においては、予め準備した地図や、各種の報告、捜索や偵察によって得られる結果、諜者からの報告、電信電話の傍受、住民や旅行者、俘虜や残された傷病者の陳述、戦地で収集した新聞とか信書、電信文などから、広範囲にわたって情報を収集する。

「情報」の原語

ところで、酒井が「情報」という訳語を充てた、もとのフランス語は何だったのだろうか。

一八七〇(明治三)年にロンドンのジョン・マーレー社が出版したフランス語の陸海軍術語辞典(『A naval and military technical dictionary of the French language』)で仏英の部を見ると、renseignement の対応語として英語の information が第一義、intelligence が第二義で記載されているが、information(アンフォルマスィオン)の英語の対応語は inquiry と examination で、information と intelligence はいずれも記載されていない。また、intelligence(アンテリジャンス)は採録されておらず、軍用語として使われていないことを示している。

一方、英仏の部では、英語の information にはフランス語の renseignement が第一義、information(アンフォルマスィオン)が第三義の対応語として、また英語の intelligence には

renseignement が第六義の対応語として記載されている。したがって、当時から renseignement は英語の information に対応していただけではなく、軍用語では、英語の intelligence の意味で使われていたことに留意する必要がある。

この辞書の記述や、当時の、フランスの兵書における一般的な用例から見て、「情報」の原語は renseignement だったのではないかと、容易に推察することができる。しかし、訳本には原本の書名が明記されていなかったため、長いこと確認できずにいた。ところが、出版元である内外兵事新聞社が発行している『内外兵事新聞』に次の広告記事があるのが見つかり、これが大きな手がかりとなった。

士官学校出仕《しゅつし》陸軍少佐酒井忠恕君ハ、今般仏国実地演習軌典歩兵陣中要務ト云ヘル書ヲ翻訳セラレタリ。此書ハ西洋紀元千八百七十五年十月仏蘭西《フランス》政府ニ於テ著述セシ「アレストリクシヨン、プラチツク、シユール、ル、セルビス、ト、ランハアントリー、アン、カアパアギユ」ト云フ書ニテ歩兵実地演習ノ事ヲ仔細《しさい》ニ記載シ、実ニ軍人兵士ノ熟読精思スベクシテ、一日モ手中ヨリ離スベカラザルモノナリ。

この文面から、原本は『Instruction pratique sur le service de l'infranterie en campagne』であると判読することができる。そこで、二〇〇一（平成一三）年にフランスの国立図書館で調べたところ、この本は野外演習軌典の四部作、すなわち、総則と三兵種である歩兵・騎兵・砲兵用にそれぞれ編纂されたものの一冊で、歩兵篇であることがわかった。原書は九×一四センチ、二〇五頁の活版印刷で、ポケットに入れて携帯できる大きさに製本されている。一八七五（明治八）年に制定された軌典の、原文と訳文とを対比してみたところ、予想通り、酒井が用いた「情報」の原語は renseignement であることが確認できた。

renseignement と information

『マルタン和仏大辞典』〔一九七〇年、白水社〕では、「情報」に対応する仏語として renseignement と information（アンフォルマスィオン）の二語を挙げている。両語の使い分けが気になるが、伊吹武彦らが編纂した『仏和大辞典』〔一九八一年、白水社〕では、renseignement に次のような解説が付いている。

renseignement は人や物を知る上で助けになる資料や調べで、information はさらに明確な、突っ込んだ情報やニュースである。例えば、人を雇い入れる場合にはその人に関して renseignement を求めるが、取引のさいに疑わしい相手方については information を求める。

また、『ラルース仏和辞典』〔二〇〇一年、白水社〕には、

des renseignements　（漠然とした意味での）情報
une information　（特定の問題についての突っ込んだ）情報

という説明があり、renseignement は一つの特定の情報という意識があれば単数で、なければ複数で用いると書いてある。

これら現代のフランス語辞書の説明を見ると、最初に「情報」の原語となった renseignement は、通常、information よりも確度の低い、漠然とした意味の情報を指していて、報道に相当するのは information である。すなわち、information は renseignement を集める行為と、送る行為を同時に意味している〔フェルナン・テルー著、稲葉三千男訳『報道』一九六六年、白水社〕。それが軍用語になると、renseignement に情報機関という意味合いが加わってくる。

2　酒井忠恕

旧名は鳥居八十五郎

『仏国歩兵陣中要務実地演習軌典』の訳者である、酒井忠恕の旧名は鳥居八十五郎《やそごろう》で、一八六〇（万延元）年に外国奉行（兼神奈川奉行）、一八六一年大坂町奉行、一八六二年堺奉行、一八六四年から一八六六年まで田安家家老を務めた、鳥居越前守忠善《ただよし》の養子である。一八六二（文久二）年の旧暦二月一五日に、大坂町奉行への赴任挨拶のため登城した忠善に同行し、養子として将軍徳川家茂《いえもち》に初お目見している〔『続徳川実紀《じっき》　第四篇』一九三六年、吉川弘文館〕。忠善の母親は酒井但馬守忠宜《たじまのかみただのり》の娘で、おそらく、忠宜の一族から鳥居家の養子に入ったものと推測される。

八十五郎は、少年時代から語学の才能に長《た》けていたようで、一八六三（文久三）年に十四歳で開成所の優秀生徒に選ばれ、英学句読教授の出役《でやく》を仰せつけられている〔『幕末教育史の研究　一』一九八三年、吉川弘文館〕。一八六五（慶応元）年には伝習掛からフランス語伝習を命じられ、横浜語学所の第二回伝習生としてフランス語の教育を受けた。

幕府は、フランス公使ロッシュ（Roches）の勧告もあって、仏学伝習生の優等生をパリに留学させることにし、一八六七（慶応三）年五月に十三名、六月に八名を選抜した。八十五郎は六月の追加上申で選ばれたが、その直後、陸軍総裁松平縫殿頭《ぬいのかみ》（大給恒《おぎゅうゆずる》）から、当時三兵伝習の通訳で派出していた者を留学させると、陸軍御用に差し支えるという申し出があった。結局、八十五郎ら十名の留学は差し止められ、それ以外の九名が八月に横浜を立ち、フランスへ向かった。一一月にフランスから、外国奉行の栗本安芸守鯤《あきのかみこん》（栗本鋤雲《じょうん》）が、同じく外国奉行の川勝《かわかつ》近江守広道に宛てた書簡を見ると、「此方伝習生は英国伝習生と違《ちがい》、皆初心未熟に而《して》、秤蜜柑《はかりみかん》秤芋同様小粒に候」と書いてあり、比較的語学力の達者な者が日本に残り、未熟な者が伝習生として渡仏したようすがうかがえる〔『川勝家文書《もんじょ》』一九七〇年、東京大学出版会〕。

当時、八十五郎は砲兵差図役勤方（砲兵中少尉相当）で、フランス公使館秘書として塩田三郎、長田《おさだ》銈之助《けいのすけ》とともに通訳の仕事に就いていた。八十五郎の人柄については、フランス海軍に籍を置き、一八六五年夏から一年ほど日本に滞在した、デンマーク人スエンソン（Suenson）の書き残した『江戸幕末滞在記』〔長島要一訳、一九八九年、新人物往来社〕に、次のように記されている。

トリイはなんとも貧弱な小僧でたったの十八歳、いたずらっぽい目をして底抜けに陽気でおしゃべり、抜きん出た猿真似上手で、おまけに人の滑稽な側面を見破る鋭い視線をもっていたので、しかつめらしい威厳のある人物をふくめていろいろな人間の傑作な物真似を諷刺的に演じて見せては何時間もわれわれを楽しませてくれた。

また、一八六七（慶応三）年に撮影された八十五郎の写真が、二枚残っている。一枚は日本に派遣されたフランス軍事顧問団のシャノワーヌ（Chanoine）団長の遺品の中に残されていたもので、西堀昭の『日仏文化交流写真集　第二集』〔一九九〇年、駿河台出版社〕、およびポラック（Polak）の『絹と光——知られざる日仏交流一〇〇年の歴史』〔二〇〇二年、アシェット婦人画報社〕に掲載されている。もう一枚は長崎の上野彦馬撮影局で撮影された肖像写真で、現在ＪＣＩＩフォトサロンが所有している。二〇〇八（平成二〇）年に同サロンが開催した『幕末・明治の古写真展　上野彦馬が愛した長崎』で、初めて公開された。おそらく、八十五郎が通訳としてフランス人に随行し、長崎に立ち寄ったさいに撮影したものと思われる。
幕末に外国奉行を務めた、小栗上野介《こうずけのすけ》忠順《ただまさ》の一八六七（慶応三）年の日記〔『群馬県史料集第七巻』一九七二年、群馬県文化事業協会〕を見ると、八十五郎が、横浜語学所で同期だった上野介の養子、又一（忠道）をしばしば訪れていたようすがうかがえる。

酒井に改姓

明治維新後に、鳥居八十五郎は開成学校の三等教授になったが、一八六九（明治二）年八月に兵部省に出仕し、姓名を酒井忠恕に改め、上等通弁から兵学大助教、陸軍兵学少助教、同少教授を務めた。

忠恕の読み方については、とりあえず、音読みで「ちゅうじょ」というふりがなを充てたが、忠恕と名乗っていた年数が短く、また、いまのところ資料も見あたらないので、はっきりしない。大高利夫が編纂した『日本史人名よみかた辞典』〔一九九九年、日外アソシエーツ〕には、忠恕の読み方として、「ただのり、ただひろ、ただみち、ただゆき、ちゅうじょ」が挙げられている。酒井忠恕に近い親戚を調べてみると、鳥居家では、叔父が忠如（ただゆき）、曾祖父が忠洪（ただひろ）、祖母の父親は酒井忠宜（ただのり）であり、もしこれらの人たちと同じその読み方を避けたとすれば、「ただみち、ちゅうじょ」のいずれかか、あるいは「ただよし」ということになろう。

もっとも、当時は姓名を一種の符牒とみなして、何度も改めた人がいるくらいであるから、どう読むかは、あまり気にすべき問題でないのかもしれない。

山城屋事件の責任をとり、一時陸軍卿《きょう》を退りぞいていた山県有朋が再び陸軍卿に戻ったのは、一八七三（同六）年六月のことである。この時、酒井は文官から陸軍少佐に任じられ、卿官房の伝令使となった。伝令使は、今風にいえば陸軍大臣秘書官の役であり、酒井の後に、田島応親《まさちか》、乃木希典《まれすけ》、福島安正などの、そうそうたる軍人が務めている。

伝令使任用のいきさつ

ここで、酒井が伝令使を務めるようになったいきさつについて、少し述べておきたい。明治初期に、兵学寮がフランス人教官を雇用するにあたって中心的な役割を果たしたのは田島応親である。招聘《しょうへい》したフランス軍事顧問団が横浜に到着したのは一八七二（明治五）年四月であるが、彼らが実際に仕事を始めてみると、それぞれに通訳が付いていないと物事は何も進まないことが明白になった。このため、田島が奔走して、主として前に横浜語学所で伝習した人たちを口説き落とし、短期間の間に、二十七、八名の人材を通訳として兵学寮に集めた。酒井もその中の一人で、そのさい、兵学寮の少助教に任命された。おそらくこの間の心労が災いしたものとみえ、田島はその直後に病に倒れ、療養を余儀なくされてしまう。

この時、田島は秋月新（新太郎）とともに陸軍省の秘史局に配置転換されており、二人とも伝令使に任命される運びになっていた。しかし、この病のため、一八七三（同六）年四月には秋月だけが伝令使に任じられ、田島は東京滞在を申しつけられた。当時、政府や陸軍内部には、フランス顧問団にあまりよい感情をもっていない者や、偏見をもった者が少なからずおり、顧問団と陸軍との間でいろいろとトラブルが起きていた。例えば、同年三月に鎌倉で実施された野営布陣伝習に、兵学寮の少年隊百五十名が、フランス教官に断りなく欠席して問題になっている。通訳は兵学寮にほとんど駆り出されてしまったため、田島が病欠になると本省の中に通訳のできる者がおらず、顧問団の首長であるマルクリー（Marquerie）が出省してくるさいには、わざわざ兵学寮から通訳が同道する始末となった。

このため、田島の代役が必要となり、急遽、田島より年下ではあるが、横浜語学所の同級生だった酒井に白羽の矢が立った。当時、伝令使は陸軍少佐が務めることになっていた。しかし、酒井は文官だったため、まず陸軍少佐に任じられ、その上で六月五日に伝令使を申しつけられている。

ようやく病気が全快した田島が伝令使に着任したのは、九月になってからのことである。役目を終えた酒井は一二月五日に伝令使の職を解かれ、武官から再び文官に戻った。このため、酒井が武官だった時期はわずか六ヶ月にすぎず、位階は少佐止まりである。その後、官房御用と兵学寮御用を兼務し、この時期に『仏国歩兵陣中要務実地演習軌典』を訳出した。

酒井清に改名

酒井は、一八七七（明治一〇）年一一月に参謀局附の兼務となり、一八七九（同一二）年五月から『内外兵事新聞』に『拿破崙戦記《ナポレオン》』の訳を連載している。同年一〇月に参謀本部文庫課長となり、一二月から一八八二（同一五）年一月まで翻訳課長を兼務した。

一八八〇（同一三）年二月に、本籍である静岡県に同姓同名の人がいることを理由に、酒井清と改名した。平山成信《なりのぶ》男爵が、『横浜語学所記事』（『江戸』一九一六年、第十二号）の中で列挙した語学所の生徒名簿に、「鳥居八十五郎（後ニ酒井清）」と記載しているように、清と八十五郎は同一人物である。しかし、私が「情報」について調べるまで、酒井忠恕について触れた文献はなく、歴史的に全く抜け落ちた存在であった。いろいろ探した結果、『公文録官員之部』に次の改名届けが残されているのを見つけ、酒井忠恕と酒井清が同一人物であることを確認した。

陸軍省送達　送第七〇〇号

酒井陸軍歩兵少佐改名御届

陸軍歩兵少佐酒井忠恕儀、同県中同姓之者有之、本県聞済之上、清ト改名候旨届出候条、此段御届申候也

明治十三（一八八〇）年二月五日　　陸軍卿　西郷　従道《つぐみち》

太政大臣　三條　実美《さねとみ》　殿

なお、同姓同名であるもう一人の酒井忠恕とは安房守《あわのかみ》録四郎のことで、姫路藩主で江戸幕府の最後の大老を勤めた、酒井忠績《ただしげ》の実弟である。維新後、徳川家に随従して駿府《すんぷ》へ移り、忠績の引受人になったことで知られている。彼の読み名は「ただひろ」なので、あるいは、清の場合にもそう読むのが正しいのかもしれない。

酒井清は、内外兵事新聞局から一八八一（同一四）年に『仏国歩兵陣中要務実地演習軌典』の改訂版、さらに一八八二年（同一五）には『仏国歩兵陣中要務実地演習軌典抄』を出版している。一八八六（同一九）年三月に参謀本部陸軍部副官第三課長に補され、一一月勲四等に、また一八八七（同二〇）年一一月には正六位に陞《のぼ》った。その後、病で身体虚弱に陥ったため、一八八九（同二二）年三月に休職し、四月に退職して、後備《こうび》役に編入された。一八九七（同三〇）年六月二九日、享年四十八歳で逝去し、麻布の天真寺に葬られている。法名は清涼院殿竒峰道秀居士で、天真寺は酒井忠宜の菩提寺である。妻はいわ、長男忠吉は職業軍人で、日露戦争に従軍した後、三十三歳で病死している。騎兵少尉であった。

ところで、『陸軍予備後備将校同相当官服役定年名簿』には、酒井清の満年齢が一八九二（同二五）年七月一日現在で「四十年九ヶ月」と記載されているので、逆算すれば、一八五一年一〇月（嘉永四年一一月）の生まれということになる。したがって、文書に残されている鳥居の年齢は数え年で一つ多く申告されていた勘定になるが、ここでは、残されている書籍の記述にしたがって記述した。

3　訳本の普及

野営演習の教練書

明治維新後、日本は近代化、西洋化を押し進めたが、その中で、西洋の概念や術語を言い表すために多くの翻訳語が考案された。いまでは、そのほとんどが消滅しているが、「情報」は百年以上の年月を経て、今日まで生き延びてきた。

ともすれば、「情報」は「諜報」の同義語とみなされがちである。しかし、「諜報」はかなり古くから存在し、流通していた漢語である。したがって、明治になって新たに「情報」が造語され、用いられるようになったということは、「情報」が「諜報」とは異った概念を有する語であることを意味するものに他ならない。

それでは、明治初期に「情報」は、陸軍内でどのように広まっていったのであろうか。

酒井が最初に「情報」を用いてから五年ほどの間に、彼以外で「情報」を用いた文書は見つかっていない。そのため、当初私は、陸軍内で「情報」はすぐには普及しなかったのだろうと考え、初期の論文にそのように書いた。しかし、その後、次に示す資料が見つかり、それが間違いであることに気付いた。

酒井の訳本が出版された翌年の、一八七七（明治一〇）年に西南の役が起きたが、平定されて国内が安定すると、陸軍は合同演習を再開した。一八七八（同一一）年の八月から九月にかけて、青森県下津軽郡原ヶ平村で野営演習が実施されたが、それに先だって、仙台鎮台から本省に出された伺い書には、次のように記されている〔『陸軍省日誌』〕。

野営演習手続書

歩兵第五連隊へ第一後備《こうび》軍ヲ加ヘ二週間野営演習ノ概略左ノ如シ

（中略）

演習科目

仏国歩兵陣中要務実地演習軌典ヲ以テス

一　陣中内務及《およ》ビ風紀衛兵暗号布達等ノ勤務

一　大哨兵及ヒ其他ノ外哨兵

一　実地行軍

一　偵察勤務

一　撤兵運動

一　対抗運動

一　演習中天気好晴ノ日ヲ撰《えら》ヒ一日露営布陣ノ演習ヲ為サシム

野営演習は、次いで一一月に名古屋鎮台で、また翌年三月には東京鎮台で実施されたが、いずれの演習手続き書にも、演習科目は『仏国歩兵陣中要務実地演習軌典』によると明記されていて、この訳書が、野営演習で教習書として重用《ちようよう》されていたことがわかる。この本が演習に採用されたことによって手にする軍人が増え、「情報」ということばが陸軍内に広く普及することになった。

それまでの兵書は官板で、私著として出版が許可されたのはこの訳書が最初である。その代価は三巻で七五銭、合冊は薄葉《うすば》摺り西洋仕立てで、一円一〇銭であった。因みにこの頃の個人の実質支出は一人当たり月七円三銭だったという〔『明治・大正家庭史年表』二〇〇〇年、家庭総合研究会〕。現存している本の中には、印刷文字がかすれ、読みにくいものがある。おそらく、おびただしい部数が印刷され、版木がもたなくなったためであろう。『仏国歩兵陣中要務実地演習軌典』は版木を新たにし、内容も一部改訂されて、一八八一（同一四）年一一月に再版された。ただし、改名したために、訳者名は酒井忠恕から酒井清に替わっている。

なお、再版されるまでの五年間に「情報」という語が見いだせるのは、同じ酒井忠恕が一八七八（同一一）年に訳出した『仏国参謀須知　軍術部』〔内外兵事新聞局〕の一冊にすぎない。それも、綴じ込みにある表の項目に、「通過セシ地統計上ニ係ル情報及ヒ細解」と記載されている一個所だけである。一九八九（平成元）年に、七尾短期大学の音成行勇《ゆきお》（経営情報学）が最初にこの用例を見出し、「情報」という語の、鷗外造語説を完全に否定した〔『七尾論叢』第二号〕。

敵情の報知

酒井清は、『仏国歩兵陣中要務実地演習軌典』の改訂版の直後に『仏国歩兵陣中要務実地演習軌典抄』〔一八八二年、内外兵事新聞局〕を出版した。この本は演習軌典の要点を抜き書きした問答集で、定価は二五銭であった。その中で、一部の用語の右側にフリガナ、左側に意訳を付けている。「情報」にも意訳が三箇所付いており、それらの用文を、意訳の部分を括弧でくって示せば、次の通りである。

斥候ナル者ハ其兵力一定セサル枝隊《したい》ニシテ、歩哨脈外ニ出テ地形ヲ細捜シ、敵ノ陣地運動ヲ観察シ、敵状ニ関スル情報（しらせ）ヲ求メ、又敵ヲシテ其探偵ヲ行フニ畏《おそ》レ憚《はば》カラシメ、且ツ隣隊哨所ノ連絡ヲ保持スル者ナリ

交代ヲ受ケタル小哨長ハ、上番ノ者ニ其得シ情報（てきのようす）及ヒ哨令ヲ伝知シ、且ツ之ト倶《とも》ニ庇掩《ひえん》スヘキ地上ヲ巡視ス、而シテ歩哨ノ交代畢《おわ》リシ后《の》チ大哨ニ集合ス

偵察ニヨリ得シ総テノ情報（しらせ）ハ、何ヲ以テ之ト対証スルヤ

「情報」の原語はフランス語の renseignement であるが、これらの添え書きから、酒井は「情報」を敵や地形の「ようす」、ないしは「情状の報せ」という意味で用いていたことがわかる。

したがって、「情報」は「しらせ」の「報」に「ありさま」の「情」を融合した、和製漢語とみなすことができる。

明治期に用いられた、「報」が下につく二字漢語は極めて多様である。一九〇九（明治四二）年に発行された『日本類語大辞典』の「しらせ」の項に記載されているだけでも、申報、通報、追報、後報、戦報、敗報、捷報、雑報、百報、急報、飛報、公報、凶報、官報、会報、週報、月報、電報、時報、私報、日報、秘報、別報、予報、情報、新報、彙報、悲報、変報、細報、詳報、確報、速報、吉報、快報、警報、来報、凶報、訃報、悲報の四〇語に及び、この他にも新聞や雑誌では、所報、諜報、虚報、商報、密報、怪報、珍報、諸報、一報、前報、次報などを目にする。これらのほとんどは、文字から意味がおしはかられる表意性の強い字音語で、熟字として安定度が高い。

兵学における情

「情」は古くから兵語でも用いられており、極めて味わいのある漢字である。一九九〇（平成二）年に私が日本経済新聞に「情報」の初出について書いたところ、すぐに防衛研究所の前原透研究官から手紙が来て、「情報」の「情」は『孫子』から来ているのではないか、という指摘を受けた。

『孫子』では、第一の「計篇」の冒頭にある「兵者国之大事」に次ぐ文章に、「校之以計、而策其情」とある。ここで孫子は、戦争とは国家の大事である。それ故、五つの事柄ではかり考え、七つの計で比べあわせて、その場の実情を求める必要があるという。また第十三の「用間篇」には「不知敵之情者、不仁之至也」「必取於人、知敵之情者也」とあり、間諜を用いるのに、爵禄《しやくろく》百金を愛《おし》んで敵の情を知らざるは、亡国に至るなり。また、間諜をだし、使者を使わすなどの人事を考え、しかる後に、敵の情況が知れるという。

これらの「情」について、江戸前期の儒者であり、兵学者であった山鹿素行は、『孫子諺義《げんぎ》』の中で、「情はマコトなり」と解説している。

また、江戸中期の儒学者、荻生徂徠《おぎゆうそらい》は、『孫子国字解』の中で次のように解説している。すなわち、ここでいう情は敵味方の軍情である。こうしたら勝て、こうしたら負けるであろうと思われる「わけ」の中で、それが外に見えるものを軍形といい、内にかくれて外に見えないものを軍情という。情は情実といって、実際に手に取ったように確かであるところをいう。また、人の腹の中に立ち入って、その人情を知るくらいにならなければならないので、軍情ということばがある。

したがって、これらの解説から、「情報」は、「まことの報せ」ないしは「ことわけの報せ」と受け取ることもできる。

前原透によれば、江戸期の諸流兵学や北条、山鹿、長沼の各兵書では、「五事、七計」に加えて「詭道《きどう》」を兵法・武学の三綱領とし、これを「武略（謀略）」「知略（智略）」「計策」あるいは

「治内」「知外」「応変」といった呼び方をしている。これらで敵の「情」を「知」るということは、兵学、武学における情報や諜報の分野であるという。

職制における相当語

それでは、明治の初期に「情報」という語が現れる頃までに、それに相当する語としてどのような語が使われてきたのであろうか。まず、参謀や参謀局、参謀本部にかかわる職制を見てみると、以下に示すように、「報知」と「諜報」が目につく。

一八七一（明治四）年七月に、兵部省に陸軍参謀局が設置されたが、その職責は「機務密謀ニ参画シ、地図政志ヲ編輯シ、並ニ間諜通報等ノ事ヲ掌《つかさど》ル」ことで、その省内別局条例の第七条で、「操練等ノ事ニ就テ国内某隊ノ報知ヲ得ント欲スル時ハ卿ト相議シ、或ハ某鎮某団ノ将校ニ通知シテ報告セシメ、或ハ其部下ノ将校此局ニアル者、又ハ省内ニアル者ヲ遣ハシ、探偵セシムル事」と規定している。

一八七三（同六）年一一月に制定された「幕僚参謀服務綱領」の第二十一中第二では、「戦時敵軍ノ報知ハ」何々、「戦闘ノ状ヲ叙スニ就テ挙動ノ目的ハ」何々と、それぞれの事項が掲げられており、「情」と「状」についての「通報」「報知」のことが書かれている。

また、一八七四（同七）年二月の参謀局条例で、総務課内に諜報提理佐官一名を置くことを定めているが、その任務は、「戦時諜報ノ事ヲ総理セシム。平時ニ在テハ事ノ視察スヘキアルニ臨ンデ諜ヲ発ス」と記されている。最初の諜報提理は、陸軍少佐だった桂太郎で、同年七月二日付けの発令であるが、桂は一八七八（同一一）年七月にも再度、諜報提理に任じられている。ついでながら、在外武官制度が始まったのは一八八五（同一八）年からで、ドイツの初代武官は桂太郎であった。

一八七八（同一一）年一二月に、陸軍省に参謀本部が置かれることになったが、その参謀本部条例第十二条に「諜報ノ事モ亦此ニ管ニ区分シ」とあり、「諜報」が使われている。

兵語における相当語

次に、陸軍兵学寮から訳出された兵書を眺めてみると、一八七一（明治四）年の荒井宗道《むねみち》訳『兵法中学』では「報知」、同年の柳田如雲《じょうん》訳『戦略小学』では「新聞」、一八七二（同五）年の辻本一貫訳『改訳陣中軌典』では「敵状の報知」「敵報」および「報達」、一八七三（同六）年の高橋維則《これのり》訳『仏国陣中軌典』では「報知」および「報告」、さらに一八七四（同七）年の『陸軍士官陣中必携』では「報知」といった語が使われており、当時、兵学寮の教官の間では、「報知」が一般的な翻訳語だったことがわかる。

このほか、一八六五（慶応元）年の大鳥圭介訳『官版野戦要務』では「報知」、一八六七（同三）年の『兵学提式』では「報告」、一八六八（明治元）年の『兵士懐中便覧』では「新聞」、一八六九（同二）年の『野戦兵家必用』では「新聞」、一八七〇（同三）年の瓜生《うりゅう》三寅《みとら》訳『官許衛兵要務』では「報知」、広瀬元恭訳『陣中軌典』では「報達」、堤薫真《とうしん》訳『官版兵学提要』では「告知」、一八七七（同一〇）年の陸軍文庫訳『軽騎兵前哨』では「教報」という語が、「情報」に相当する語として用いられている。いずれにしても、「情報」という語を酒井の訳書以前に見いだすことができない。

なお、これらの相当語の中で、造語とみなせるのは「教報」だけである。また、当時の『郵便報知新聞』を見ると、記事の中に現れる「報知」の振り仮名は「つげ」である。

兵語辞典における相当語

兵語辞典はどうなっていたのだろうか。

一八七一（明治四）年の廃藩置県で、藩兵は解散させられたが、それまでに各藩に取り入れられていた兵式や兵器は英、米、仏、独、蘭の各国にわたっており、陸軍統一の事業は困難を極めた。訳語の統一を図るため、一八七四（同七）年に陸軍省は参謀局翻訳課に兵語の収集を命じたが成らず、翌年に、改めて西周《あまね》を兵語辞書編輯御用掛に命じ、兵語辞書の編纂に当たらせた。

西は、原本として一八六七（慶応三）年にオランダで刊行された四ヶ国語の対照兵語字書を採用した。この字書は、対応する術語をフランス語、ドイツ語、イギリス語、オランダ語の順に並べたものであるが、これに日本語訳を追加することにした。訳語の選択に苦慮し、五百冊以上の書類を比較参照したといわれる。途中で西南戦争が起きたり、職員がしばしば替わるなどしたため、作業は長引いたが、一八七九（明治一二）年に脱稿し、その成果は、一八八一（同一四）年に参謀本部から『五国対照兵語字書』として出版された。これが、明治になってまとめられた最初の兵語辞書である。

この字書は『仏国歩兵陣中要務実地演習軌典』とほぼ同時期の編纂であるが、この本に「情報」という語は見あたらない。「情報」に関連する語句として、次の三項目が掲載されており、renseignement には「報知」が充てられている。ここで、対語の記載は仏、独、英、蘭、日の順である。

Nouvelle, *f.* — Nachricht, *f.* — Advice, Relation. — Berigt, *n.* 新報
Rapport, *m.* — Rapport, *n.* Meldung, *f.* — Report, Return.
— Rapport, *n.* 報告
Renseignement, *m.* — Nachricht, *f.* — Information, Intelligence,
— Berigt, *n.* 報知

なお、『五国対照兵語字書』に採用された訳語で、今日なお兵語として使われているものはごく少数にすぎない。

「情報」は本省の語例

それでは、だれが「情報」を造語したのかということになるが、いまところその決め手は何もない。もちろん、酒井忠恕が有力な候補者の一人であることはいうまでもないが、酒井を含めて陸軍省の関係者ということであれば、兵学寮ではなく、本省の中で「情報」が使われていた可能性が高い。

そのように推察する一つの根拠は、酒井の訳書が出版された直後に早井亜幹（陸軍歩兵大尉）が『内外兵事新聞』に書いた『軍中用語不可不一定説』で、そこには「仏国実地演習軌典中ナル名称ノ如キハ、本省ノ語例ニ倣《なら》ヘリト聞ク」と書かれている。これが「情報」にもあてはまると断定することはできないが、酒井が本省寄りの人材であったことは裏付けられる。

もう一つの拠りどころは、当時、兵学寮で多くの軍事文献が翻訳、刊行されたが、それらの翻訳に携わった大島貞恭《さだゆき》、荒井宗道、辻本一貫といった人たちの訳書に、「情報」という語が一八八九（明治二二）年まで見あたらないことによる。例えば、一八八五（同一八）年七月に陸軍文庫から出版された『独逸参謀服務要領』は、ドイツの陸軍卿シェレンドルフ（Bronsart von Schellendorff）の著書を大島貞恭が訳出した兵書であるが、Nachricht の訳語は「諜報」になっている。

もし、兵学寮で「情報」が使われ出したのであれば、もっと早い時期に、彼らの訳書に「情報」が現れてしかるべきであろう。

西周と武田成章

当時の、兵語の訳者として名前が挙がるのは、西周《あまね》と武田成章《しげあや》（斐《あや》三郎）である。しかし、西自身が編纂した『五国対照兵語字書』に「情報」が見あたらないことから、西を造語の候補者から外してよい。

一八七四（明治七）年に西が『明六雑誌』に掲載した『知説』に、次の文がある。

譬《たと》ヘハ今人アリ、一匹雛ヲ捉ヘント欲スル時、其声ヲ聴キ、其形《かた》チヲ視、其雛ノ在ル所ヲ熟知シ、而テ後足之ニ従ヒ、手能《よ》く之ヲ捕フヘシ、故ニ知識ハ先ニシテ行為ハ之ニ継ク者ナリ、今人身ニ就テ之ヲ別ツ時ハ、視、聴、嗅、味覚ヲ司ルニ五官ハ皆智ノ属司ニシテ、外部ノ報告ヲ収メテ之ヲ智ニ達スル者ナリ、手足ト言語ノ官トハ皆意ノ属司ニシテ、内部ノ命令ヲ奉シテ之ヲ外ニ伝播施行スル者ナリ、故ニ外部ノ報告ヲ取ラサレハ内部ノ命令ヲ施スヘキナシ、是《これ》学術ノ以テ判スル所理ノ知リ易キ者ナリ

ここで二度現れる「報告」は、いまなら「情報」で置き換えることができる。この用例を見ると、西が『五国対照兵語字書』で「情報」にあたる語として「報知」を採用したのは、当然の成り行きといえよう。

また、武田成章については、『曾我祐準《すけのり》翁自叙伝』〔一九三〇年、曾我祐準翁自叙伝刊行会〕に、

此の人は漢学者の蘭学者で、旧幕時代に箱舘《はこだて》の五稜郭抔《など》を建設した履歴を有する人で、陸軍兵語の訳は大概此の人の選定である。

と記されている。しかし、武田の専門分野から見れば、選定したのは兵器とか兵式に関する兵語であって、兵学寮との結びつきからみても、「情報」まで造語したとは考えにくい。

福沢諭吉

仮名書きされた「インフォメーション」の古い用例で、よく引用されるのは、一八七九〈明治一二〉年に出版された福沢諭吉の、『民情一新』にある次の文章である。

語に云く智極て勇生ずと。余を以て此語を解すれば智とは必ずしも事物の理を考へて工夫するの義のみに非ず。聞見を博くして事物の有様を知ると云ふ意味にも取る可し。即ち英語にて云へば、インフヲルメーションの義に解して可ならん。

これをもって、「情報」は福沢が最初に使った、という人もいたが、福沢は「インフォメーシ

ョン」を「情報」と直接結びつけていたわけではない。また出版された時期も、『仏国歩兵陣中要務実地演習軌典』より少し後である。

荒川惣兵衛《あらかわそおべえ》は『外来語辞典』（一九四一年、冨山房）でインフォメーションの意味を①知識、②通知、情報＝ニュース、③案内所に区分した上で、福沢の用例を②の情報でなく、①の知識に振り分けている。しかし、慶応義塾大学の杉山伸也（経済学）が書いているように、

福沢は「インフヲルメーション」を当時のニュアンスとしてはむしろ新聞を意味する「インテリジェンス」にちかい意味でつかっていたようにおもわれる。

と解釈する方が妥当と思われる（『福沢諭吉書簡集　月報第8巻』二〇〇二年、岩波書店）。

第2章　陸軍における「情報」

1　「情報」の公用語化

野外演習軌典

明治の初期、陸軍の典範令《てんぱん》などはフランス式に準拠したものが使われていたが、日本の事情に合わない部分も多かった。維新後十年を過ぎて、ようやく日本独自の編纂が試みられるようになり、『野外演習軌典』については、最初に「総則」と「歩兵」の部が一八八二（明治一五）年三月に制定された。

この『野外演習軌典　第一版　総則』の緒言に、

此軌典ハ西暦一千八百七十五年刊行ノ仏国実地演習軌典ニ基キ之ヲ取捨折衷《せっちゅう》シ、又之ニ西暦一千八百七十七年刊行ノ独乙《ドイツ》野外演習令ヲ参酌《さんしゃく》シ、傍《かたわ》ラ兵学教程等ノ書ニ就キ、其足《た》ラサル所ヲ補《おぎな》ヒ、尚ホ従来我国ニ於テ現ニ施行シ、来ル成跡《せいせき》ヲ稽《かんが》ヘ、彼是《あれこれ》増減シ、甲乙対照シ、以テ蒐《しゅう》輯《しゅう》編纂スル所タリと書かれているように、この軌典の基になったのは、一八七六（同九）年訳出のフランス実地演習軌典と、一八八二（同一五）年訳出のドイツ野外演習令で、酒井の訳書がはたした役割は大きい。

もちろん、『野外演習軌典』には「情報」が用いられており、これが公文書における「情報」の最初の用例となる。文節連合の形で用例を示すと、次の通りである。

情報ヲ　求メル、欲スル、得ル、伝フル、送致スル、通知スル
情報ハ　報道スルモノ
情報ノ　趣《おもむき》

情報の報告書式

この『野外演習軌典』の「歩兵」と「騎兵」の部に、提出する報告書の雛形が次のように例示されている。前に述べたように、ここでは情報について、見たこと、聞いたこと、想像されることを、区分して記載するようになっていることに注目して欲しい。

第何小哨（大哨本部）報告

兵　員　士官何名下士何名兵卒何名

占　拠　第何時何地ニ占拠第何時歩哨（小哨）ノ配置全ク終リ此隣哨所ト（各線互ニ）連絡ス　又第何時何々ノ位地ヲ変シ何地ニ移ス等

巡察及斥候　第何時士官（下士或ハ古参兵卒）何某兵卒何名ヲ率ヰ歩哨線ヲ巡廻（何地ヲ捜索）第何時帰ル　其途中何時何地ニ於テ何々ヲ見聞（何々遭遇）ス等

歩哨線ヲ通過セシ者　第何時何某何用ニテ出テ何時帰ル等

軍使奔来人《ほんらい》囚虜《しゅうりょ》　第何時軍使何某来リ書牘《しょとく》ヲ受ケ直ニ放還セシム　或ハ何々々、、、、

第何時奔来人何名来リ何々々々　又囚虜何々々々

情　報

実見セシ条件　第何時歩哨何々ノ徴候ヲ認見ス、云々等

伝聞セシ条件　第何時土人（囚虜）等ヨリ何々ノ事ヲ聞ク云々

想像ノ条件　昨夜敵ノ篝火《かがりび》大ニ其数ヲ増（減）ス　是レ其兵員ノ来援（退帰）ヲ想像スルニ足ル等云々

隊号小哨（大哨）司令

年月日時何地於ニテ　官　姓　名　印

大哨（前哨）司令

官　姓　名　殿

兵員要語帖

金沢の歩兵第七連隊の中隊長であった林陸夫《りくお》（陸軍歩兵大尉）は、『兵員要語帖』を編輯し、一八八四（明治一七）年に金沢偕行社から出版した。この本は、その序に、

兵事内外ノ勤務ニ用ユル緊要ノ名称、語辞等ヲ類聚《るいじゅ》シタルモノニシテ、専《もっぱ》ラ兵卒カ習字ノ具《そなえ》ニ供センカ為ナリ

と記されているように、兵卒向けの習字の手本書で、名古屋の書家である恒川宕谷《とうこく》（名は清廉、通称敬一郎）の筆になるものである。日常実用の便を計ることを目的としており、要語は歩兵などの内務書、操典、読法《とくほう》、野外演習軌典、およびその他の条例や規則から抜粋されているが、その中に「情報」が含まれている。

国語学者である山田俊雄は、一九六五（昭和四〇）年頃にこの『兵員要語帖』を入手して「情報」の存在に気付き、他にその用例があるかどうか調査した結果、『仏国歩兵陣中要務実地演習軌典』にたどり着いたという。しかし、おそらく軍用語研究家が既に指摘しているかもしれない

と思い、公表するまでには至らなかったと書いている（『成城国文学』二〇〇四年、第一八号）。それがいつのことなのか明言していないが、後述するように、山田は二〇〇〇（平成一二）年の『新潮現代国語辞典』第二版で『兵員要語帖』だけを「情報」の用例として引用しているので、『仏国歩兵陣中要務実地演習軌典』を閲覧したのはそれ以降であろう。

2 「情報」と「状報」

「状報」の出現

兵式は西洋に倣《なら》って整備が進められたため、日清戦争までに出版された兵書のほとんどは、西洋の兵書か、ないしは西洋の軍人教官の講述の翻訳書である。したがって、「情報」もそれら外国語の翻訳語として充てられたものが多い。

『野外演習軌典』で陸軍の公用語となった「情報」は、すぐに他の兵書でも使われだしたが、それと同時に、「状報」という語も併用されるようになった。前節で、『野外演習軌典』の基になったと述べた『ドイツ野外演習令』の訳本に、「状報」の最初の用例がある。この本は一八八二（明治一五）年一月に陸軍文庫で訳出、出版された『独乙《ドイツ》野外演習令』で、文中に「情報」は見当たらないが、次に示すように「状報」が一ヶ所使われている。

後衛ハ方正《ほうせい》ノ戦闘ヲ遂ケ得ヘキ目的ヲ以テ編成スル者ニシテ、要地ニ止《とど》マリ、敵ノ進軍ヲ視察シ、我本軍ノ退行ヲ庇護ス可キ者ナリ。故ニ敵ノ追撃ニ抗戦スルヲ要スルノ度ヲ測ランカ為メ、常ニ本軍運動ノ状報ヲ得サル可カラス

明治期に、「情報」と「状報」の、二通りの表記が使われていたことを最初に指摘したのは技術士の大島進である。彼は一九九〇（平成二）年三月の情報処理学会全国大会で『鷗外森林太郎による独逸語 Nachrichten の二つの飜訳語「情報」と「状報」』と題した講演を行い、鷗外がクラウゼヴィッツの『戦争論』を訳したさいに、二語を使い分けていることを明らかにした。

情と状

「情」と「状」は、いずれも「ありさま、ようす」という意味を共通にもっているが、それぞれの漢字が意味するところは微妙に違っている。

簡野《かんの》道明編の『字源』（一九二三年、北辰館）で「情状」を引くと、「情は心の内に動く者、状は其の外に著《あらわ》るる者」とあり、情は内にかくれて外に見えないもの、状は外見でわかるものを指すと解釈することもできる。前章で、荻生徂徠の『孫子国字解』で示した、軍形と軍情の違いがこれに対応する。

また、文教大学の横田貢《みつぐ》が私信〔一九九二年〕の中で、

小輩（国語学『近世』専攻）の従来の理解から申すと、「情」は流動的、チェンジャブルの意味、対して「状」は、その結果の固定した様と判断申し上げる次第でございます。

と解釈、説明しているように、情は流動的なもの、状はそれが固定したさまと解釈することもできる。例えば、地形は普通固定したものと見なせるので、その状況についての斥候の報告は、「情報」よりも「状報」の方が適している。

しかし、当時の兵書を調べてみると、意識して「情報」と「状報」を使い分けていたとは考えにくい用例が多く、全て「状報」で統一した訳書もある。例えば、陸軍大学校が出版したベルトー（Berthaut）の講義録を見ると、一八八三（明治一六）年の『行軍戦闘術』では「状報」、一八八五（同一八）年の『戦略原理』上巻では「情報」に統一されており、陸軍大学校読本である、ヴィヤール（Vial）著の『軍術教程』の第一部（一八八七年）、第二部（一八八五年）では、ともに「状報」に統一されている。

なお、ベルトーの『行軍戦闘術』に附記されている訳例及語解で、「状報」は次のように解説されており、ここでは「明細のようす」と定義されている。

状報　Renseignements.　一事一物ノ精細ナル件々ヲ云《いい》　例ヘハ敵ノ状報ト云ヘハ敵ノ衆寡組織強弱健否志向動静等ヲ云フ　一村ノ状報ト云ヘハ広狭位置人口戸数貧富常業等ヲ云フ　俗ニ明細ノ様子ト云フニ同シ

「状報」の淘汰

「情報」と「状報」は、しばらく混在していたが、一八九〇（明治二三）年頃から「状報」の用例が急減し、ほどなく「情報」に一本化された。陸軍将校の、いわば公的な研究機関誌ともいえる『偕行社記事《かいこう》』をめくってみると、一八九八（同三一）年二月発行の第一八八号を最後に「状報」という語は現れなくなるので、それ以前に、陸軍内で何らかの使用規制があったと考えられる。これはおそらく、後述する一八八七―八（同二〇―一）年の兵語辞書編纂と連動した動きであろう。

仲本秀四郎（計量情報学）は『用語「情報」――ターミノロジー的考察』〔『情報の科学と技術』二〇〇二年六月号〕の中で、「状報」が不採用語となったのは自然淘汰といえるという見解を示している。しかし、短期間で「情報」に収束したこと、およびその一方で「敵情」と「敵状」が今日まで併用されていることを考慮すれば、権威による標準化と考えるのが妥当であろう。

ただし、兵書から「状報」が完全に消えたわけではない。大島進が指摘した森鷗外の使い分けのほか、明治以降でも用例はいくつも見いだすことができる。また、戦前の一般書や新聞、雑誌などには、後述する用例にしばしば現れるように、「状報」が結構使われている。

なお、戦後の珍しい用例として、一九五四（昭和二九）年に郵政省と自治省が編纂発行した『新市町村状報』を挙げることができる。これは、当時行われた市町村の合併編入状況と集配局名をまとめたものである。

状と情の統一化

「情」と「状」の二様の表記が用いられてきた用語で、他にもその一方に統語されたものがあるのだろうか。

一九〇九（明治四二）年出版の『日本類語大辞典』で「ありさま（有様）」の項をみると、「情」と「状」のいずれも用いられている語として次のものが記載されている。

国情、国状　　事情、事状　　実情、実状　　情況、状況
情態、状態　　情勢、状勢　　世情、世状

それが、戦後出版の、手元にある『朝日新聞の用語の手引き』（一九八一年）と『毎日新聞用語集』（一九八九年）をみると、両書とも申し合わせたように次のような記載になっている。

すなわち、「情」と「状」の一方を統一的に使うものとして、

近状、現状、国情、実情、状況、情景、情勢

が、また二様の表記のあるもので、慣用度が高いと認められる方を使うものとして、

状態、政情、敵情、内情

が選択されている。これらを見ると、どうやら新聞ではそのことばの意味合いよりは慣用度の方を重視して用語を統一しているように見受けられる。

統語すれば検索が楽になるというのは悪い冗談で、なぜ統語しなければならないのか、私にはよく理解できないのだが、こうした統語という、いわば文化とは無縁の官僚的な所作によって、今では「ありさま」を表す「情」と「状」の二様の使い分けはほとんどなされなくなってしまったのが惜しまれる。

兵語辞書の改正

一八八一（明治一四）年に『五国対照兵語字書』が出版された後に、陸軍は兵式をフランス式からドイツ式に切り替えた。また時勢の変化によって、次々と新しい兵器や、新しい用語が現れ

てきたため、一八八六（同一九）年頃になると、参謀本部や、陸軍大学校で兵語を再検討する動きがでてきた。

参謀本部では、一八八七（同二〇）年に改正兵語字書委員会を組織し、対訳辞書を編纂することになった。対訳はＡＢＣ順に、できた篇から出版する計画であったが、結局、仏和は一冊、独和は二冊出版されただけで立消えになった。このため、内外兵事新聞局から出版された『改正兵語辞書』には、「情報」と「状報」の、いずれも現れるまでには到らなかった。

一方、陸軍大学校で検討された『兵語字彙草案』は一八八八（同二一）年六月に兵林館から発行されているが、この草案には「情報」が採録されていて、

物ノ状情ニ就テノ報道ヲ云フ

という説明が付けられている。また、「小戦」には次の記載がある。

即チ　背後交通路鉄道、電信、兵站線《へいたん》等ニ妨害ヲ加ヘ　敵ノ側面及ヒ背後ヲ騒擾《そうじょう》シ　枢要《すうよう》ナル情報ヲ蒐集スル等ナリ

なお、余談ながら、明治初期の兵書を見ていると、「触接」とか「単簡」「索捜」「現出」「糧

食」といったような、いまではほとんど見かけることのない、文字が転倒した兵語に出会うことがある。しかし、この中で、「索捜」は「捜索」とは別義の兵語である。『兵語字彙草案』で「索捜」は「某地方ニ於テ、敵兵現在シ在ルヤ否ヲ証スル手段ヲ云フ」と説明されているように、捜索した内容の検証手段を意味する。

一八八七（同二〇）年に陸軍省の名で、ドイツの戦術教官であるパリゾニュース（Perizonius）の『活用戦法』が翻訳出版された。その緒言に、次の文章がある。

本篇ハ仏国陸軍少佐拉般《ラフワン》氏ノ訳述ニ係ル。其訳文ノ如キハ間然《かんぜん》スル所ナシト雖《いえども》、兵学新誌ノ言フ如ク、兵隊ノ名称等大ニ不可ナルモノアリ。因《よっ》テ今之ヲ改メ、兵隊及ヒ勤務ノ名称ハ一二本邦現行ノ野外演習軌典ニ依リテ之ヲ名ツケ、以テ覧者ノ解得《かいとく》シ易《やす》カランヲ欲スルナリ

これを見ると、兵隊と勤務の名称は、『野外演習軌典』で用いられている用語が陸軍の標準になっていたことをうかがわせる。前にも述べたように、『野外演習軌典』の基になった一冊は酒井忠恕が訳した『仏国歩兵陣中要務実地演習軌典』であり、「情報」以外にも「勤務」のように、この訳書で用いられた名称がそのまま後の兵語として採用された可能性がある。

3　戦術教育と情報教育

戦術教育

ドイツ参謀本部のメッケル（Klemens W. J. Meckel）少佐が陸軍大学校の教官として赴任したのは、一八八五（明治一八）年から八八年までの三年間であるが、彼は実地における戦術教育を重視し、何度か参謀旅行演習を実施した。次に示すのは、一八八八（同二一）年二月の参謀演習で、メッケルが出した作戦計画問題である。

状　報

二月十二日第六師団ハ左ノ位置ニアリ
久留米内及其附近ニアルモノ
熊本ノ野戦軍悉皆《しつかい》
師団本部
歩兵第二十四連隊（第一、第二大隊）
熊本ニアルモノ　（略）
小倉ニアルモノ　（略）
二月十二日正午ニ電信報知師団長ノ許ニ著《ちやく》ス、曰《いわ》ク「衆多《しゆうた》ノ敵ノ運送艦鹿児島湾ニ現ハレ、此ニ大ナル上陸ヲ為シ、且ツ防御工事ヲ施シ始メタリ」
第六師団長ハ何ヲ為サント決心スルヤ

この例文のように、「情報」ないしは「状報」が小見出しになっている文面は、一八八七（同二〇）年以降、参謀旅行記事やその後に実施された演習記録、作戦講義問題の中に、大量に見出すことができる。例えば、『明治廿二年十月尾濃《びのう》地方参謀旅行記事』に、この書式はざっと数えただけでも八十件以上記載されている。

これらの書式は、一見すると前に示した『野外演習軌典』にある報告書の雛形と少し似ているが、報告書でなく、参謀演習用の命令作成資料として使われている。すなわち、小見出しに用いられている「情報」ないしは「状報」は、情報勤務などによって収集した情報を評価・分析した情報であり、単なる知らせでなく、知り得た内容を意味している。作戦参謀は、この評価・分析情報を判断して次にとるべき処置を決心し、命令を立案する。このように、戦術教育では収集した情報を評価・分析する過程は不問にし、判断資料が整理された段階から出発して、その後の作戦計画をどう立案するかに重点を置いて実施される。これはいわば一人将棋を指すようなもので、机上の考究に他ならない。

一八八九（同二二）年九月二六日の『朝野《ちょうや》新聞』を見ると、前年二月に九州で行った大演習が終了したさいにメッケルが、「日本将校は事を容易に為し得べきものと妄想するの癖あり」と評した、という記事が載っている。また、元陸軍軍人だった舩木繁《ふなき》（軍事史）は『陸軍大臣　木越《きごし》安綱《やすつな》』〔一九九三年、河出書房新社〕の中で、次のように指摘している。

戦場では、敵情・地形の不明が常態であるが、メッケルの戦術教育では、敵は一箇師団とか、河川は何処が徒渉《としょう》できるとか、きわめて断定的であった。勿論、予め敵情・地形をある程度はっきり示す必要はあるが、あまりはっきりし過ぎて戦場における情報勤務の実際から遊離していた。所望の情報が適時収集できるものとしての指導は、ひいては情報軽視につながる。この点にメッケルの戦術の限界があった。

情報の審査

特に戦場では、伝えられる情報には、誤っていたり、不完全だったり、時には恐怖の念に駆られて過大だったりするものが混じってくるため、それらをそのまま信用して、敵情や、敵の意図を判断するのは極めて危険である。また、情報が多く得られたとしても、可能性を広げるだけで、それらの真偽はすぐに確認できない。

それでも新しい情報を求め、それを審査する目的は、これから起こることについての予言を得るためではない。将来起こる事象は、現在およびそれ以後の情況を基にして発展する。したがって、現時点における事実および相手の意図を、できるだけ迅速に知ることが重要だからである。

歴史学者であるシャーマン・ケント（Sherman Kent）の表現を借りれば、情報は「過去と未来をつなぐ架け橋」である〔『Strategic Intelligence for American World Policy』一九四九年、プリンストン大学プレス〕。

たとえ不確かな情報の中にあっても、作戦には迅速な決定が必要である。できうる限り正確な情況を見抜き、それによって確実で、適確な判断を下すことが指揮官の極めて重要な使命であり、危機管理の宿命でもある。収集した情報の評価が適正であれば、発令者はとるべき処置の判断をより適確に下すことができ、それが決心を正確ならしめる要件となる。すなわち、収集した情報と、その分析結果の質が、命令が実行された時の効果を大きく左右する。

ここで大切なことは、収集した情報を評価・分析する情報部門と、それを用いて命令を立案する作戦部門は、分離しなければならないということである。そうしなければ、人には自分に心地の良い情報を選択する習性があって、どうしても有利な情報には耳を傾け、不利な情報には耳をふさぐ悪癖に陥りやすいので、客観性が失われる危険性が極めて高くなるからである。

なお一八九一（明治二四）年の『野外要務令』の第十三に「情況ヲ判決スルニハ直接ニ敵ヲ探偵視察シテ得タル情報ト数多ノ諸点ヨリ得タル認識推測ヲ集メテ成レル形述トヲ以テ最モ確実ナルモノトス」という表現があるように、情況の最終判断を意味する語として「判決」が用いられている。

情報部門の教育

それでは、情報部門の教育の方はどうなっていたかというと、戦前の兵書でまともに取扱っている本は少なく、軽視、ないしはなおざりにされていたとみなさざるをえない。堀栄三の「大本営参謀の情報戦記」（一九八九年、文藝春秋）によれば、特に陸軍大学校で、情報教育は皆無だったという。むしろ、情報の収集、分析に当たるべき軍部の機関では情報を軽視し、謀略活動に主力を注いでいたように見受けられる。

一例として、田部聖《ひじり》（陸軍少将）の『作戦要務令原則問題ノ答解要領』（一九三九年、兵書出版社）を見てみると、情報を審査するさいの要領や、注意すべき点として、次のように述べられている。

すなわち、敵情の逐次変化する過程を系統的に深く研究し、連続的に情報を収集すること。収集した情報は、適確な審査によってその真否、価値などを決定しなければならないが、そのさい、それぞれの情報の出所、偵知した時機および方法などを考察して確度を判定し、次いでこれと関係する諸情報と比較総合して判決すること。既に判決を下した情報といえども、更に審査を継続することが必要である。審査にあたっては、先入観が主になったり、適確な証拠のない想像に陥ることのないように注意しなければならない。一見瑣末《さまつ》な情報でも、全般的に観察したり、または、他の情報と比較研究することによって、重要な資料を得ることがある。なお、局部的な判断にとらわれたり、敵の欺瞞《ぎまん》や宣伝によってしばしば大きな誤りを招くことがあるので、注意が必要である。

しかし、この本では右記の一般的な注意事項が述べられているだけで、戦術教育の問題答解に見られるような、具体的な訓練に対応する記載は一切ない。『諜報宣伝勤務指針』〔陸軍参謀本部、一九二八年〕は情報の判定で特に慎むべきこととして、想像と執着を挙げている。

軍事情報の軽視

近代戦史研究会が編集した『情報戦の敗北』〔一九八五年、PHP研究所〕によれば、参謀本部の組織は、一八八五〔明治一八〕年の条例改正で管東局と管西局が廃止され、第一局と第二局という編制になった。ここで、第一局は出師計画・団体編制配置・軍隊教育を所管し、第二局は外国兵制調査・運輸法および全国地理政誌、諸条項調査に当たることになり、初めて作戦部門と情報部門が分離する形がとられた。

さらに、日清戦争直後の一八九六〔同二九〕年五月に参謀本部条例が改正され、第七条で第一部と第三部のそれぞれ分担すべき事務として、

第一部　作戦、要塞位置ノ撰定及兵器弾薬

第三部　外国ノ軍事及其地理、諜報、軍事統計

と明記され、第一部の部長に伊地知幸介中佐、第三部の部長に福島安正大佐が就任した。ここで作戦と情報の分離は定着し、情報部門は独立したかのように思われた。

しかし、川上操六参謀総長が急死すると、日露間の雲行きが怪しくなった一八九九（同三二）年の改正で、作戦部門と情報部門はまたもや合体して地域分担制の第一部、第二部となり、それ以降、作戦部門と情報部門が分離されることはなかった。このため、作戦部が独自の情報活動を行うようになり、しかもその情報活動を謀略活動と解釈する悪《あ》しき伝統が受け継がれるようになって、軍事情報はますます軽視されるようになった。

前原透は、昭和初期以降に参謀教育で強く指導された作戦・戦闘指揮上の教条を、次のように記している〔『日本陸軍用兵思想史』一九九四年、天狼書店〕。

軍隊は任務に基づき行動すべきであり、敵情がどうあろうと行動に躊躇《ちゆうちよ》すべきものではない。敵情など適時適切に入ってくるものではなく、元来判らぬものである。為さざると遅疑《ちぎ》することを最も戒めるところとする。状況判断は任務を基礎とし、敵情の如何によるものではない。作戦は積極主導、敵の行動如何に拘わらず、自主積極的にわが方策を追求すべきものである。

この教条は明らかに情報を軽視しており、「統帥《とうすい》・作戦」は必ずしも情報に拘束されるべきではないという信念や思い込みが、やがて、作戦の無理を逐次露呈するようになる。

こうした事情は海軍でも同じだったようで、元海軍軍人で作家の実松譲《さねまつ》は『情報戦争』(一九七二年、図書出版社)の中で、次のように回想している。

想えば、戦争中の海軍ぐらい情報を軽視したところは、あまり類例がないだろう。開戦初頭の真珠湾作戦は別だが、その後は、情報部は「あってもなくてもいい」存在であった、といって過言ではない。極言すれば、日本海軍は情報なしに「腰だめ」で戦争をした、とさえいえるのではなかろうか。

4 「情報」と「諜報」

間　諜

ここで、「情報」と紛らわしい「諜報」について、その違いを少し整理しておくことにしたい。そのために、まず、間諜から話を進めることにする。

「諜報」といえば、すぐにスパイとか間諜を思い浮かべる人が多いが、このような活動は人間が戦争を始めたころからあったようで、孫子の兵書では、すでに間者が論じられている。

「間諜」という語の歴史は古く、日本書紀までさかのぼる。他に間人《かんじん》、斥候《うかみ》、細作《さいさく》、探報、密偵など、いろいろな言い方がなされており、日露戦争の時には、露探《ろたん》とか軍事探偵という呼び方も使われた。法制史が専門の山本石樹《いしき》がいうように、間諜は、狭く見れば「敵情を探りてその主《あるじ》に報ずるもの」ということになろうが、「敵勢を不利に導き、味方を有利ならしむべき隠密行動を為すもの」という解釈が一般的であろう〔『間諜兵学』一九四三年、東京人文閣〕。

英国では、間諜のことを、敵側のものはスパイ（spy）、味方のものはエージェント（agent）と呼び、区別している。しかし、日本語では、このような使い分けはなされていない。

すでに指摘したように、「間諜」は、一八七一（明治四）年に制定された参謀本部の職務にその記載がある。間諜は正々堂々とした行為ではないため、野外勤務などに「間諜」ということばが出てくることはなく、兵書における扱いは小さい。また、ロナルド・セス（Ronard Seth）の『日本からきたスパイ――日本の秘密諜報組織』〔村石利夫訳、一九六五年、荒地出版社〕によれば、日本のスパイ活動に関する情報はほとんど見当たらないという。

国際法上の間諜

ところで、国際法や戦前の国内法で規定されている「間諜」は、通常いわれているスパイ行為よりも適用範囲が狭い。その上、国内法の「間諜」は戦時か平時かを問わず規定されているのに対して、国際法の「間諜」は戦時に限って適用されるという、大きな違いがある。

ハーグの万国平和会議で陸戦の法規慣例に関する条約が批准され、日本では一九〇〇〇（明治三三）年に公布されたが、その中で、「間諜」は次のように定義されており、その後の法律や、政治、外交では、この解釈に基づいて処理されている。

第二十九条　一方ノ交戦者ニ通知スルノ意志ヲ以テ他ノ一方ノ作戦地帯内ニ於テ隠密ニ行動シ、又ハ虚妄《きよもう》ノ口実ヲ構ヘテ各種ノ情報ヲ収集シ、若ハ収集セムトスル者ノ外、之ヲ間諜ト見做《みな》スコトヲ得ズ。

故ニ、仮扮《かふん》セザル軍人ニシテ、情報ヲ収集セムガ為敵軍ノ作戦地帯内ニ進入シタル者ハ之ヲ間諜ト看做《みな》サズ。又軍人タルト否トヲ問ハズ、自国ノ軍又ハ敵国ノ軍ニ宛テタル信書ヲ伝達スルノ任務ヲ公然執行スル者モ亦之ヲ間諜ト看做《みな》サズ。信書ヲ伝達スル為、及総テ一軍又ハ一地方ノ各部間ノ連絡ヲ通ズル為軽気球ニテ派遣セラレタル者モ均《ひとし》ク此ノ部類ニ属スルモノトス。

この条文に「情報」は二度現れるが、いずれも、条約のフランス語原文では information（アンフォルマスィオン）であり、また、「間諜」は espion である。

この条文を文字通り解釈すれば、国際公法で間諜と見なす要件の第一は、作戦地帯内で行動した場合であり、第二はその行動の目的が情報を収集し、または収集せんとすることにあり、第三は収集し、または収集せんとする情報を敵に通報する意思を持って行動することにあり、第四は隠密に、または虚偽の口実のもとになされる行動であるということになる。したがって、例えば、鉄道の破壊を目的とした行動をする者は間諜とは認めにくいことになる〔信夫淳平『外交時報』九〇二号、一九四二年〕。

ともすれば、間諜は見つけ次第すぐに殺してもかまわないと解釈されがちである。しかし、間諜は戦時法規に違反する行為ではない。したがって、それを行うことは国際公法上違法とはならない。しかし、その行為は他方の交戦国の安全や作戦行動を著しく害するため、交戦国側にこれを黙認する義務はなく、間諜を捕らえた場合には戦争犯罪として処罰することができる。

ただし、間諜は軍法会議などの裁判で処罰すべきもので、将校には、その司令任務の如何を問わず、間諜行為の現行犯として逮捕したり、告訴された者に刑の執行を命ずる権限はない。また、間諜がその執務中に逮捕された場合でなければ、この者を追訴したり、処罰することはできない。すなわち、間諜としてその行為を行った後に所属部隊に復帰した軍人や、侵略地を偵察した後に占領地に戻った民間人を捕獲した場合には、前の行為について論ずることはできない〔『大正野外要務詳解　第一巻』一九一二年、兵事雑誌社〕。

刑法上の間諜

それでは、処罰する側の日本の刑法がどうなっていたかというと、一八八〇（明治一三）年の改訂で、次のように規定された。

第百三十一条　本国及ヒ同盟国ノ軍情機密ヲ敵国ニ漏泄《ろうせつ》シ若クハ兵隊屯集《とんしゅう》ノ要地亦ハ道路ノ険《けん》夷《い》ヲ敵国ニ通知シタル者ハ無期流刑ニ処ス

敵国ノ間諜ヲ誘導シテ本国管内ニ入ラシメ若クハ之ヲ蔵匿《ぞうとく》シタル者亦同シ

それが、陸戦の法規公布後の、一九〇七（同四〇）年四月の改正で、

第八十五条　敵国ノ為メニ間諜ヲ為シ又ハ敵国ノ間諜ヲ幇助《ほうじょ》シタル者ハ死刑又ハ無期若クハ五年以上ノ懲役ニ処ス

軍事上ノ機密ヲ敵国ニ漏泄シタル者亦同シ

という規定に改められ、戦後の一九四七（昭和二二）年にこの条文が削除されるまで適用された。これらの条文で、「間諜」は特に定義されていないが、「敵国」の存在が間諜の要件になっていることがわかる。

「諜報」

「情報」は明治になって生まれた和製漢語であるが、「諜報」は、それよりもはるか昔に中国

から渡来した漢語である。「諜」には、敵のようすをうかがうという意味と、文字を記したふだ（牒）という意味があり、「諜報」には、元来牒報、すなわち、書簡による知らせ、または書簡によって知らされることという意味合いがあったが、いまでは、この意味で使われることはほとんどない。

『広辞苑』〔二〇〇八年、岩波書店〕で「諜報」を引くと、

相手の情勢などをひそかにさぐって知らせること。また、その知らせ。

とある。ここで、「諜報」は探ったことの知らせだけでなく、探ったり、探ったことを知らせる行為も含まれ、むしろ、その方が「諜報」の第一義になっているということに注目してほしい。このため、「諜す」だけでなく、「諜報する」という言い方も昔から使われており、例えば、一八九六（明治二九）年に三省堂から発行された『和英大辞典』では、次のように英訳されている。

諜報する　*v.t.* to play the spy; to communicate the enemy's movements.

「間諜」でも、昔から「間諜する」という言い方をするが、後述するように、「情報」では「情報する」という複合動詞の用例は極めてまれで、特に戦後ではほとんど使われていない。

兵語の「諜報」

今でも、「諜報」は間諜がもたらす知らせで、非合法、ないしは非公然的な手法で隠密に得られたもの、という意味合いで受け取られていることが多い。また、「諜報」は軍事ないしは国防上の用語とみなされているため、企業活動で用いられることはまれである。ただし、「諜報」が「インテリジェンス」という語で置き換えられた時には、この限りではない。『朝日新聞の用語と手引き』を見ると、「諜報」は「秘密情報」か「情報（機関）」に置き換えるよう指導している。

しかし、戦前に陸軍で使われていた「諜報」は、このような解釈とはいささか異っている。例えば、太平洋戦争時に陸軍省が一般向けに用意した資料〔防諜講演資料集『防諜』第八号、一九四一年〕では、「諜報」を次のように説明している。

課報とは、目的を隠して情報をとる行為をいふ。その情報が秘密の事であらうとなからうと、情報の取り方が合法であらうと非合法であらうと、或ひは公然とやらうと隠密にやらうと問はない。目的を相手に秘して情報を取ればそれが諜報行為である。

また、特高の資料である『外国軍事情諜報聚取法《しゅうしゅ》』〔一九三五年、内務省警保局保安課〕を見ると、軍事諜報は情報の収集方法によって普通諜報、秘密諜報、無線諜報の三種に区分されている。ここで、普通諜報は公然とした手段、すなわち、新聞や雑誌などの公刊物、直接観察、関係人物との談話中から資料を聴取するなどの方法で収集する。一方、秘密諜報は秘密の手段で情報を収集するもので、おおむね諜者を使用したり、情報や記録を得ることのできる人物を買収したり、情報を秘密買収するか、または、資料を窃取《せっしゅ》ないしは窃写《せっしゃ》するなどの方法がとられる。また、無線諜報では、秘かに無線傍受機を設置して、予想敵国の発信する無線電信を傍受窃取する方法が用いられる。

このように、兵語でいう「諜報」は、目的を相手に隠して、間諜だけではなく、新聞、捕虜などから間接的な手段で情報を探ったり、探ったことを知らせる行為をいう。この解釈は、一般に使われている「諜報」よりも明らかに適用範囲が広い。

さらに稲葉千晴〔国際関係論〕は、日本でいう「諜報」には、単なる情報蒐集だけでなく、破壊や煽動などの謀略や宣伝までが含まれていたと解釈している〔東洋英和女学院『短大紀要』一九九七年〕。戦時下の防諜で、防衛の対象となっていたのが諜報、宣伝、謀略だったことを考慮すれば、この解釈は無理のないところであろう。もっとも、諜報行為と謀略との区別はつけにくいところがあるように思われる。

情報勤務

一九二八〔昭和三〕年二月に陸軍参謀本部がまとめた『諜報宣伝勤務指針』では、敵、敵国、その他探知しようとする事物に関する情報の収集、調査、判断およびそれらの伝達、普及に携わる一切の業務を「情報勤務」といい、それを「捜査勤務」と「諜報勤務」に大別している。ここで、「捜査勤務」は戦争の間に兵力または戦闘器材を用いて直接敵情を探知する目的を達成する業務であり、一方、「諜報勤務」は兵力または戦闘器材を用いずに、平時また戦時に公明または隠密な方法で実施する業務である。

すなわち、「捜査勤務」はおおむね軍人または軍隊が自ら見聞、探知する活動で、例えば、前方に派遣した騎兵部隊や斥候などが直接情報を収集する。後には、飛行機部隊がこの業務に加わった。これに対して「諜報勤務」では、相手国や同盟国の発行している新聞や雑誌を見たり、占領した村役場や郵便局に残されている新聞、雑誌を見たり、捕虜とか住民の証言を聞くなどの間接的な手段で情報を収集する。

これらの定義から明らかなように、兵語で「諜報勤務」は「情報勤務」の一部になっていて、「諜報」は「情報」に包含されている。

ここで「情報勤務」と総称されている業務と体系は、明治以降に陸軍が手本としたフランスやドイツの陸軍が一九世紀から採用してきたものを拠り所としており、それに関した解説は、すでに一八八〇年代に訳されたフランスやドイツの参謀要務書に見ることができる。ただし、「情報」という語が公に採用されたのは一八八二（明治一五）年に制定された『野外演習軌典』が最初であるため、「情報勤務」という名称が使われるのは、一八八五（同一八）年に訳出されたデヴォーレー（Devaureix）の『歩兵陣中勤務便覧』〔陸軍文庫〕以降になる。

戦前の兵書を調べてみると、一部に「状報勤務」と表記されたものがあるものの、ほぼ「情報勤務」という名称で統一的に用いられてきている。ただし、「情報」が定着するまでの期間では、一八八一（同一四）年に訳出された陸軍文庫の『独乙《ドイツ》参謀要務』では「諜報」ないしは「牒報」が「情報」の意味で用いられていたため、「情報勤務」は「諜報勤務」で、また「諜報勤務」は「間諜勤務」で記述されている。他に「諜報」を「情報」の意味で用いた兵書としては、『独乙参謀要務』のほかに、『兵棊《へいき》教範』〔一八八一年〕、『独逸参謀服務要領』〔一八八五年〕などを挙げることができる。

なお、「情報」と「諜報」を合成した「情諜報」という言い方は、昭和一〇年代の内務省関連の資料などに存在しているが、用例はその一時期だけに止まっている。

情報将校

情報勤務がたとえ正常に行われたとしても、到来する報告や情報の中には、主意と食い違うものや、虚報と思われるものが混じってくる。時には、虚報と見なした情報を、改めて検討し直さざるを得ないことも起こりうる。これらの虚実を弁別する能力は、素質や性格ばかりでなく、教育と訓練によって養うしかない。このため、情報勤務は常に知慮と経験を兼備した人に担当させる必要があり、それには、あらかじめ専門の情報将校を養成し、配置しておく必要がある。

すでに述べたように、日本では一八七四（明治七）年の参謀局条例で諜報提理が置かれていた。また、『仏国歩兵陣中要務実地演習軌典』では、前に引用したように、情報を「聚収《しゅうしゅう》スルハ通常参謀官ニ属スル所」であると述べている。フランスの参謀中佐だったヴィヤール（Jules Paul Vial）の『軍術教程　第一部』〔一八八七年、陸軍文庫〕には、間諜や来奔人《らいほんじん》、捕虜を訊問《じんもん》し、教導を選択し、地図を読み、地図を貯え、地図を正すのはもっぱら参謀官であり、英軍の軍人で、ワーテルローの戦いでナポレオンを破った公爵ウェリントン（Arthur Wellesley, 1st Duke of Wellington）が、スペインの役で、その参謀部の中に状報掛将校と名付ける将校特別部を設けたのは、正にこのためであると記されている。

また、シェレンドルフ（Bronsart von Schellendorff）の訳本『独逸参謀服務要領』〔一八八五年〕に次の記載がある。

大本営及軍本営ニ於テハ　諜報事務ニ練熟セル将校ヲ撰《えら》ミ　自《みずから》獲ル所ノ報告或ハ部下司令部ヨリ到来スル報告ノ沙汰ヲ担任セシム　軍司令部ニ於テハ　参謀長親シク諜報事務ヲ管掌シ一将校ヲ以テ助手ト為シ　到来セル報告ヲ沙汰シ　又之ヲ集成セシム

ただし、ここで引用した『軍術教程　第一部』および『独逸参謀服務要領』は「情報」の出現直後の出版なので、「情報」の代わりに「状報」と「諜報」が混在して使われていることに留意する必要がある。

「情報将校」という表記が現れるのは、一八九二（同二五）年三月発行の『偕行社記事』第五巻の「参謀野外勤務論」あたりからである。この記事では、「情報勤務」「情報勤務将校」という名称も使われている。

しかし、こうした内外の兵書や研究資料の記述とは裏腹に、元自衛官の佐藤守男（国際政治・日露関係史）によれば、明治以降「日本の陸軍の組織内に情報職種や情報将校としての他の将兵と区分される客観的基準などはなかった」という（『情報戦争と参謀本部』二〇一一年、芙蓉書房）。

第3章　「情報」の一般化

1　日清戦争と「情報」

号外合戦

明治前期の新聞は、年月を経るにしたがって文章から議論に重きが移ったが、一八九四―五（明治二七―八）年の日清戦争で戦況を伝える戦争報道が国民の関心を集め、不況のあおりを受けて経営が厳しかった新聞社にとって、発行部数を拡張させる絶好の機会となった。このため、新聞は報道に重きをおき、戦意の高揚を図った。各新聞社は多くの従軍記者を戦線に特派したが、取材活動は個別に行われたため、軍や政府関連機関の報道検閲が厳しい中で、激しい報道合戦を繰り広げた。こうした新聞の、機能の質的変化の中で、軍人が公報や報告の中で用いていた「情報」という語が、戦報を伝える記事の中に突如露出してくる。

各新聞社は、勝ち戦《いくさ》に乗じて朝、昼、晩と、際限なく号外を乱発し、東京では、鈴を鳴らして走り回る号外専門の売り子が登場した。『東京朝日新聞』と『時事新報』の号外が最も好く売れたらしい。一方大阪では、号外は無料で配られた。このため、『大阪朝日新聞』と『大阪毎日新聞』は争って発行部数を増加させたものの、通信費と号外発行の費用が増加し、戦時の経費を著しく膨張させ、経営を圧迫した。そこで、後の日露戦争では、両社が号外発行だけでなく、戦時に限った新聞定価の引き上げを協定している（『三十七八年役　大阪毎日新聞戦時事業誌』一九〇八年）。

東京では、輪転機はまだそれほど普及していなかったので、新聞社によっては専用の売り渡し口を設けて号外屋をその前に並ばせ、百枚、二百枚と刷り上がるごとにまとめて渡したという。彼らはそれを買い占めて、売り子に配布したが、買い手の方は号外の出るのを首を長くして待っているという状態だったので、飛ぶように売れた。号外の値段は百枚で十銭程度だったが、売り子はそれを一枚一銭から、相手次第では五銭位までの値段で売ったようで、号外売りの収入は一日二、三円を下らなかったといわれている（知久《ちく》政太郎『変装探訪　世態の様々』一九一四年、一誠堂書店）。国民は戦争に熱狂し、これまで新聞に触れたことのなかった人までが、張り合って新聞を購読するようになった。

「情報」の新聞初出

旅順陥落の報が大本営に到達したのは、一八九四（明治二七）年一一月二四日である。その五日後の、二九日の新聞『日本《にっぽん》』を見ると、従軍記者である鳥居素川《そせん》が一六日に戦地で執筆した征戦日録が掲載されており、その中に、次に示す旅団の命令書が引用されていて、これが新聞における「情報」という語の初お目見えと思われる。

混成旅団命令

旅順口ニ在ル敵ノ兵力ハ一万二千ニ過ギズ、此内旧来ノ熟兵ハ三千人許《ばかり》ニシテ、余《あまり》ハ敗残ノ兵ニ過ギズ（中略）

情　報

此夜（十四日）、敵ノ艦隊ヲ旅順附近ニ於テ見タルモノアリ

我艦隊ハ今十五日大連湾ヲ発シ、渤《ぼっ》海湾内ニ偵察ノ為メ出帆《しゅっぱん》セリ、其数ハ軍艦十二隻、通報艦一艘、凡《すべ》テ十三隻ナリ、此艦隊ハ十八日頃帰着スベシ

当時、戦地からの送稿に軍用電信はほとんど利用できず、おまけに、軍隊の検閲に手間取り、野戦郵便の締切に間に合わなかったり、輸送に多くの日数を要した。戦場が本土から遠のくにつれて、この情況はさらに悪化し、従軍原稿が二、三週間遅れて掲載されるのはごく当たり前となった。このため、従軍記事には戦報というよりは体験談や、戦場の勇壮な実景を物語風に描写したものが多く、一方ではそれが読者に受けて、『時事新報』の「海軍水兵の勇敢」という見出しの記事（一八九四年一〇月六日）から軍歌「勇敢なる水兵」が創作されたり、忠勇美談がいくつか生まれた。

大本営掲示第二一二号

次いで『日本』は、翌一一月三〇日の付録の一面に、

●東学党《とうがくとう》征討の状況

三路分進隊より今日迄に到達したる情報左の如し

二十九日午後二時廿三分広島発

という書き出しで、大本営掲示の第二一二号を転載している。ここで、付録は号外を意味する。

ところが、この記事の「情報」の部分が、三〇日の『時事新報』付録では「報告」、『自由新聞』付録で「ゼウ報」、『大阪朝日新聞』で「電報」、『大阪毎日新聞』で「報」、一二月一日の『国民新聞』『東京日日新聞』および『萬朝報《よろず》』で「諸報」、『郵便報知新聞』で「戦報」、『東京朝日新聞』で「詳報」、『都《みやこ》新聞』と『中外商業新聞』で「報告」、『めさまし新聞』で「報」、『毎日新聞』と『海南新聞』で「情報」、二日の『福岡日日新聞』で「情報」、四日の『二六新聞』で「報告」と記載されており、各紙ばらばらである。『二六新聞』の掲載が遅れたのは、治安に妨害ありと認定されて、三日間発行停止処分を受けたことによる。

当時、大本営は広島に置かれていて、新聞材料公示場は広島県庁の警察部内から広島警察署に移され、公報はそこに掲示する形式が採られていた（『広島臨戦地日誌』一八九九年、広島県）。各新

聞社は海外の戦地だけでなく、広島へも特派員を派遣していたが、彼らはこの掲示の写しを、競《きそ》って本社に電報で送った。ここでなぜ電話が登場しないかといえば、前の年の一八九三（明治二六）年に、ようやく大阪と神戸に市内電話の交換局が開設されたばかりで、長距離電話の社会的基盤はまだ整備されていなかった。

仮名書きで、しかも略号の混じった電文を受けとった新聞社の本社は、それを漢字まじりの文章に直すわけだが、それまで全く馴染《なじ》みのなかった「ジヤウハウ」という語の出現に、かなり面食らったに相違ない。号外に刷るためには、確認している時間の余裕などない。『自由新聞』では、広島の特派員が「ゼウハウ」と打ったようで、紙上では、原語不詳のまま「ゼウ報」と直書《じき》きされている。おそらく他の社は、電報に特有の誤謬《ごびゅう》とみなしたのであろう。「シヤウハウ」（詳報）と解釈したり、「ハウ」（報）を頼りに、前後の文章の関係から「諸報、戦報、報告」といった置き換えが行われた。なお、『郵便報知新聞』と『国民新聞』は、四日の紙上でこの記事を再録したさいに、「戦報」を「情報」に書き戻している。

新聞『中国』は清報

電報によらず、手書きの取材原稿をそのまま植字に回したと思われる、地元の広島で発行された新聞『中国』を国会図書館で閲覧すると、一一月三〇日の新聞の欄外にこの大本営掲示が掲載されている。この欄外の記事というのは、降版後に活字を組み入れたものである。当時の新聞では、この印刷手法がしばしば活用されていたが、工程が繁雑になるのと、あらかじめそのことを想定して欄を設定すれば、本来の紙面が広くとれないという弊害があった。このため、主要な新聞社が一九二七（昭和二）年にこの手法を一律に廃止することにしたため、現在見かけることはない〔春原昭彦『日本新聞通史』四訂版、二〇〇三年、新泉社〕。

ところで、『中国』の欄外記事では、意外なことに、

三路分進隊より今日迄に到達したる清報左の如し

となっていて、「情報」が「清報」に化けている。この報告は朝鮮半島における東学党の動勢に関する内容なので、清国ないしは清軍に関する報知の意味で「清報」に置き換えたとは考えられない。手書き文字の「情」と「清」はよく似ていて、互いに読み違えられることが多いので、おそらく、掲示を写し違えたか、原稿を読み違えたか、誤植のいずれかであろう。

少しさかのぼって調べてみると、二ヶ月ほど前の九月に刊行された東京日日新聞記者、遠藤速《はや》太《た》編纂の『神国義兵　支那征討実録』前編〔金桜堂、今古堂〕に、次に示すように「清報」の用例が見つかる。

之より先清兵の逃竄《とんそう》せしもの、村昌《そんしょう》県に会合したりとの清報に接し、殆んど出発準備まで整《とと》

のへたれども、旅団将校等、密談の結果離散せし清兵は到底戦闘力を有せざり、烏合《うごう》の衆なりと断定したるに依り、乃《すなわ》ち止む。

この文にある「清報」は、清軍に関する報知ととれないこともないが、当時の将校たちの用例からすれば「情報」と見なすのが順当で、この場合も、従軍記者の原稿にあった「情報」を「清報」と読み違えたか、書き換えたと考えるのが妥当であろう。

軍事評論家の伊藤正徳《まさのり》によれば、当時の従軍記者は軍事知識が貧弱で、正確な軍事用語を知らないために適確な描写ができず、美辞麗句でごまかした記事が多かったという〔『新聞五十年史』一九四三年、鱒書房〕。いずれにしても、いかに新聞社の人たちが「情報」という語に馴染《なじ》みががなかったかをうかがい知ることができる。

大本営掲示第二一六号

つづく一二月五日の『東京日日新聞』には、東学党征討に関する大本営掲示第二一八号が掲載されている。その中に、

仁川《じんせん》より派遣の中隊の情報と右の報告に依りて察すれば　賊は漸次《ぜんじ》全羅道《ぜんらどう》に退却するもの、如し

という文章があるが、この「情報」の部分が、同じ五日の『東京朝日新聞』では「状報」、『時事新報』では「報道」、六日の『日本』『萬朝報』『都新聞』『海南新聞』では「情報」になっている。ただし、掲示番号は新聞によって二一〇だったり二一六だったりしていてまちまちであるが、どうやら二一六号が正しいようである。

残念ながら、日清戦争の時の大本営掲示の文書は探しても見つからないので、掲示番号を確認することはできなかったが、この電文の写しは防衛研究所図書館に残されており、それを見ると、『東京日日新聞』の記事通り「情報」と記載されている。ついでながら、これらの電文の綴りの表書きは『情報　明治廿七年自七月至十二月』である。

既述したように、この時期、陸軍ではほぼ淘汰されたと見なされるにも拘わらず、新聞によっては「状報」という書換えがなされていることが注目される。「情報」を「状報」と書き換えた記事は他にもある。大本営掲示第二五一号は缸瓦賽《こうかさい》の戦闘に関する桂太郎中将の電報を伝えているが、「十七日以来諸情報ニ因リ宋慶《そうけい》ノ軍ハ」の部分が、一二月三〇日の『時事新報』『報知新聞』付録、および翌年一月三日の『東京朝日新聞』では「状報」に直されている。

これ以降は、各紙ともようやく「ジヤウハウ」ということばが徹底したものと見え、大本営の掲示文に記載されている「情報」という語の書き換えは、ごく少数に止まっている。逆に、一二月二三日の『東京日日新聞』では、海城《かいじやう》付近の戦闘で第三師団の勝利を伝えた大本営掲示第二四二号の記事で、「探偵ノ言ニ拠ルニ」という部分を「情報に拠るに」と書き換えている。

見出しに登場

新聞の見出しに「情報」が現れるのは、一二月二五日の『東京日日新聞』『日本』および『自由新聞』が最初になる。「威海衛《いかいえい》の情報」という小見出しであるが、三紙共通なので、おそらく、大本営掲示に付けられていた見出しをそのまま転記したものと思われる。

新聞の検閲は極めて厳格で、かつ、戦地から送られた原稿は大幅に延着したため、戦況に関する最新報道は軍の発表か外電に頼らざるを得なかった。このため、日清戦争の時に新聞に現れた「情報」は、大本営の掲示か公報の文章に使われていたものがそのまま掲載されたか、ないしはその見出しに用いられたものがほとんどである。一般に大本営の発表は、やや即時性に欠け、手前味噌で、宣伝効果をかなり意識したものである。しかし、伏せ字はなく、情報の発信者、受信者、受信方法は明確で、検閲のおそれはなく、文章は簡明直截《ちょくせつ》であるため、新聞記事、特に号外の記事としてそのまま報道されることが多かった。その内容から、機密性のあるものはすでに排除されており、公開できるものに修正ずみである。そのため、真実性にいささか疑念はあるものの、新聞に現れた「情報」には、「諜報」のもつ極秘とか非公開といった、暗いイメージはまったく付随していない。

横田の考察

日清戦争の時に、新聞が「情報」という語を用いていたことを最初に指摘したのは、文教大学の横田貢である。横田は、後述する長山泰介の鷗外情報新訳説に疑念をもち、「情報」の初見が一九〇二—三（明治三五—六）年よりさかのぼれないか、また、この語は翻訳語か、仮に翻訳語としても、どう成立し、どう定着していったのかについて、独自に調査・検討を行った。その結果は、『「情報」という語の成立をめぐって——鷗外初訳かとする見方への疑問』と題する論文にまとめられ、一九八八（昭和六三）年の情報学部紀要に掲載された。

この調査は、文教大学に情報学部が設置されるのを機に計画されたようで、国語学者が考察したものだけに、一見に値する。ただ、調査資料として新聞を直接閲覧せずに、新聞記事を抜粋した『新聞集成明治編年史』（一九八二年、財政経済学会）を用いたことが惜しまれる。このため、横田が把握した日清戦争から日露戦争までの「情報」の用例はわずか十四回で、その内訳は、日清戦争時の一回、北清事変時の四回、日露戦争時の九回にすぎない。日清戦争の時の一回は、一八九五（明治二八）年二月五日の『東京日日新聞』に掲載された大本営から海軍省に宛てた電文記事で、見出しは「艦隊消息第三」で、「只今横浜丸来り左の情報を齎《もたら》せり」という文で始まっている。

横田はこの一回の記事を基に、一八九四—五（明治二七—八）年を「情報」の誕生期と推定しており、この予想はかなり的を射《え》たものであったが、それにしても、日露戦争までに「情報」の用例が五回というのは、余りにも少なすぎるとも述べている。

戦記本と雑誌

新聞で「情報」が使われ出したのとほぼ同時に、日清戦争の戦記本や雑誌にも「情報」が現れ始めた。ただし、その多くは軍の公報か報告の、写しの中に見いだされる。初期の用例を示せば次の通りである。

小説家である村上浪六《なみろく》(信)の『征清軍記』〔一八九四年一二月、青木嵩山堂〕には、次に示すように、元山《げんざん》枝隊長の得た公報が転載されている。

九月十三日　午前四時舎人《とねり》場を出発順安《じゆんあん》に進む　此途中成川兵站《せいせんへいたん》部司令官より慈山《じさん》方向より敵数百成川を襲来《おそいく》るの情報あり　依《よつ》て成川兵站部は石倉に退却すとの報告あり　又弾薬縦列より　敵背後を横断せり　弾薬縦列の護衛を要求すと申《もうし》来れり　予は其虚なるを察し之に応ぜず、情報に依れば順安には四五百名の敵ありと

さらに、前に「清報」で引用した『神国義兵　支那征討実録』の続編〔一八九五年四月、金桜堂、金古堂〕に、「土人の齎《もたら》し来りたる情報により依克唐阿《いこくとうあ》の率ゐる兵三千余が十一日の夜賽馬集《さいばしゆう》の街道上を龍湾《りゆうわん》まで南進せりとのことを知り」が、『日清太平記　後編』〔一八九五年六月、厳々堂〕

には、「友安大佐は此情報を得て警戒として騎兵三隊歩兵二中隊を其方向に進ましむ」「当日の戦闘我兵一人の死傷なく巧に情報をもたらし来りたるは諸将の功誠に多しと称せられたり」が、さらに『日清海陸戦史』(一八九五年六月、青木嵩山堂)には、「是より先き清兵の逃竄《とうざん》せしもの新昌《しんしょう》県に会合したりとの情報に接し」という用例が見つかる。また、国文学者の宮崎小八郎が編纂した『吾友』(一八九五年九月、九州日々新聞社)では、「今一二の情報及命令を掲載して参考せん」と前置きして、「情報」という見出しの付いた命令文を二つ引用している。

次に、台湾征伐の戦記物を見ると、都《みやこ》新聞の従軍記者だった大谷誠夫が『台湾征討記』(一八九六年、飯田書店)の中で、「情報に拠れば敵は警戒を撤《てつ》し安眠を貪《むさぼ》り居るもの丶如し」と書いており、他にも、児玉如忠《じょちゅう》(陸軍中佐)の『宜蘭《きらん》の木枯』(一八九六年)の中に、「情報」の用例が多数見つかる。

博文館が発行した雑誌『太陽』は一八九五(明治二八)年の創刊であるが、「軍事」の欄に公報や報告書が掲載されるようになり、その中に「情報」が現れる。例えば、第二巻第六号(一八九六年三月)に「朝鮮暴徒の公報」という見出しで、「尚《なお》其後の情報に依れば賊徒は未《いま》だ全く鎮定せざるか如し」という記事が、また同巻第十六号(一八九六年八月)には「土匪《どひ》襲来の情報ありしを以て」という、混成第三旅団の報告が掲載されている。

2　北清事変と「情報」

電報から電話へ

日清戦争から日露戦争までの約十年間は、その間に北清事変もあり、日本にとっては、国際社会に確固たる地位を占める重要な時期となった。報道に重点を移した新聞は、いずれもこれら三つの戦役時に発行部数を飛躍的に増大させた。

社会運動家である幸徳秋水《こうとくしゅうすい》は、一九〇四（明治三七）年一月一七日付け週刊『平民新聞』に、

　号外！号外！

号外！号外！戦争とは新聞の広告也《なり》

と書いている。

『毎日新聞百年史』（一九七二年、毎日新聞社）によれば、『東京日日新聞』の発行部数は平時の一万部から日露戦争時には五万部に増加したという。ここで『毎日新聞』が『東京日日新聞』について触れているのは、『大阪毎日新聞』が東京へ進出したさいに『東京日日新聞』を買収し、『毎日新聞』と改題したいきさつによる。

東京と大阪間で、長距離電話が通じるようになったのは一八九九（同三二）年二月のことで、

大阪毎日新聞社は早速電話受稿専門の速記者を採用した。それまで、電報は検閲に手間取ったり、没収されることがあって、報道の生命線である速報性が阻害される事態がしばしば生じていたため、新聞社は通信手段の主体を電報から電話に移行させた。電話は遠方の相手と直接会話ができ、しかも、通話内容を盗聴したり、録音する技術が未熟だったために証拠が残りにくく、情報の機密を守る上では極めて有用な伝達手段となった。その結果、多くの記事がその日のうちに紙面に取り込むことができるようになった。

時事新報の使用状況

世紀をまたいだ十年近くの間に、「情報」ないしは「状報」がどのように使われていたのか、当時、日本一の新聞という格式を持っていたといわれている『時事新報』で見てみることにしよう。月別の出現回数を次頁の表1に示す。

まず「状報」の用例であるが、一八九四（明治二七）年一二月に一回、翌年六月に二回あるだけで、それ以降は見あたらない。また『時事新報』は他の新聞にくらべて日清戦争時における「情報」と「状報」の使用例が少なく、一八九五（同二八）年四月に下関講和条約が結ばれるまでに、両語合わせてわずか六回にすぎない。

この下関条約で台湾は日本の領地になったが、島民の独立運動が起こり、それに対処するため軍政が布《し》かれた。このため、日清戦争後は朝鮮ばかりでなく、台湾でも抗日武力闘争が続き、

月	1	2	3	4	5	6	7	8	9	10	11	12
1894（明治27）年											0	1
1895（明治28）年	0	4	1	0	0	7	0	0	0	1	4	0
1896（明治29）年	4	0	0	0	0	0	3	4	3	5	0	0
1897（明治30）年	0	0	0	0	0	0	0	0	0	0	1	0
1898（明治31）年	0	0	0	0	0	0	0	0	0	0	2	0
1899（明治32）年	1	0	0	0	0	0	0	0	0	0	1	7
1900（明治33）年	17	19	5	25	7	19	40	21	8	5	5	0
1901（明治34）年	0	0	0	0	0	0	0	0	0	0	0	0
1902（明治35）年	0	0	0	0	0	0	0	0	0	0	0	0
1903（明治36）年	0	0	0	2	4	6	2	0	0	1	1	0
1904（明治37）年	5	34	22	28	17	25	24	21	12	25	27	24
1905（明治38）年	17	8	11	16	22	9	7	1	1	0	4	3

表1 『時事新報』における「情報」という語の月別出現回数（1894-1905年）

「台湾情報」「土匪《どひ》討伐情報」といった見出しや記事の中に「情報」が時々現れる。それが平定されるにしたがって「情報」の出現回数が減り、一八九七―九（同三〇―二）年にはほとんど見かけなくなった。この間に現れる用例は、おおむね、秋に定期的に行われた陸軍大演習に関わる記事に限られている。

ところが、表1から明らかなように、一八九九（同三二）年末からほぼ一年間にわたって、「情報」の出現回数が急増している。特に一九〇〇（同三三）年七月には四十回使われていて、後の日露戦争の月間回数を凌駕《りようが》している。この時期には一八九九年一〇月に戦端が開かれたブール戦争と、翌年五月に清国で起きた、義和団によるキリスト教教会の襲撃運動がきっかけで勃発した北清事変とが重なっており、その戦況を伝える海外電報や報道の中に、「情報」という語が毎日のように紙面に現れる。この間の使用頻度は、後の一九〇四—五（同三七—八）年の日露戦争時に匹敵するものである。

この時期のようすを『東京朝日新聞』でも調べてみると、ブール戦争の扱いは『時事新報』よりもはるかに少なく、それに関わる「情報」という語は、月に一度か二度、現れる程度にすぎない。これには、朝日新聞が唯一の外電だったロイター電報と、東京では特電契約を結べなかったことが大きく影響している。しかし、義和団の乱が起こると、それ以降、「情報」の付いた見出しが連日紙面を飾るようになる。

北清事変でも各新聞の発行部数は増えたが、特に『東京朝日新聞』の飛躍がめざましかったという（『朝日新聞社史　明治編』一九九〇年、朝日新聞社）。しかし、北清事変の報道で注目を浴びたのは『中外商業新聞』の特報だったようである（『日本経済新聞社百年史』一九七六年、日本経済新聞社）。

「情報」の一般化

一八九九（明治三二）年一一月から翌年一一月までの十三ヶ月の間に、『時事新報』に掲載された「情報」の出現回数は、ブール戦争や北清事変に直接関係しない「陸戦の法規」の記事を除くと、百七十五回に及ぶ。しかも、その中の八十二％にあたる百四十四回は見出しに使われており、その割合は日清戦争の時の四割、日露戦争の時の三割をはるかに上回る。そのほとんどが「情報」を名詞止めにした見出しであり、「天津の情報其他」もこれに含めると百四十回になる。残りは「北京、天津情報の公電なし」「北京廿七日発の情報に就いて」「北京の情報は不明」「西公使の情報来たらず」のわずか四例にすぎない。

これらの「情報」で終わる見出しの中で、「北京情報」のように「(地名)情報」「(地名)の情報」「(地名)の最近情報」という書式のものが、地名に国名も含めると合わせて百一回あり、見出しの七十%を占める。他に、(地名)の部分が(本隊ないしは支隊)になっているものが十回、(人名、職名)になっているものが九回、「南阿(英徒)戦争の情報」が六回、「○○日(発)の情報」が三回あり、単に「情報」だけという見出しは一回である。

新聞で、特に読者の注目を集めるのに効果があるのは見出しである。この時期、この見出しに「情報」が半年以上にわたって集中的に多用されたことによって、日清戦争時に新聞用語として初めて登場した「情報」は、日本語として早々に一般化し、後述するように、その四年後以降に発刊された国語辞典に「情報」は次々と採択される運びとなった。「情報」ということばの、新しい世代の幕開けであり、第二世代は新世紀よりもわずかに先んじて船出をした。

新聞記事の「情報」

一方、文中で使われた「情報」は三十一例あるが、その中で五回は小見出し、一回は箇条書きの中で体言止めの形で使われている。あとの残りは比較的数が少ないので、そのまま列挙すると次の通りである。

土人走僕《そうぼく》の齎《もたら》せる情報に依れば、信ずべき情報に拠れば、情報によれば、
天津発の情報によれば、其筋に達したる情報に依れば、英露より得たる情報に依れば、
諸種の情報に依り之を推考するに、
政情の情報は左の如し、或筋に達したる情報左の如し、六月十六日以後の情報は左の如し、
海軍省に達したる天津情報は左の如し、同船員の齎らせる最近情報左の如し、
軍艦常磐《ときわ》の齎らせる情報左の如し、信憑《しんぴょう》すべき筋より左の情報を得、
厦門《アモイ》暴動に関する情報は過日来の本紙に掲記する如くなるが、
軍人は今日までに得たる情報を示して戦況を説くなど《ど》、
先づ詳細なる情報を得たる後、北京に就ては情報を得ず、
行衛《ゆくえ》を失へる枝隊に付ては何の情報もなし、形勢益々危急なりとの情報を聞て、
昨日非常の長電報を以て其情報を海軍大臣に寄せ来りたるが、
虐殺盛んに行はるとの情報ありたり、北京天津太沽《タイクー》の最近情報に関する電報は、
在留民の情報に付いては各種の風説あり、
李鴻章《りこうしょう》の接手したる北京情報の中に見えたる由を伝ふる者あり

これらの用例からわかるように、「情報」は「ありさま」か「ようす」、またはそれらの「知らせ」「報知」もしくは「報告」を意味しており、新聞報道の中で用いられている関係上、相場でいう早耳材料のような性格を有するものが多い。情報が電信・電報や軍の公報、報告によってもたらされたものであればその旨明記されるが、情報の発信者や受信者、通信方法が明確でなかったり、公表できない場合には、遠回しで「情報」が用いられている。また、具体的な事件の報道でないときや、総括的なありさまを指す時にも「情報」が使われている。この意味では、「情報」は新聞にとって大変使い勝手のよい、便利な用語であったということができる。

従軍記事の「情報」

すでに触れたように、一九〇〇年頃までに市中で出版された日清戦争の新聞記事や戦記本では、「情報」の用例が少なく、あっても、それらは軍の公報や報告書の引用中に現れるものがほとんどであった。それが北清事変の戦争記事や戦記になると、筆者自身が文章の中で「情報」を自在に用いるようになり、その扱いが大きく変化している。

例えば、雑誌『太陽』は第六巻第十二号〔一九〇〇年九月、博文館〕の海内彙報で、北京城内の情況を次のように伝えている。

北京城内に封鎖され居る我全権公使、并《なら》びに欧米七大列国の全権大使及居留民の動静は杳《よう》として知るに由なく、皆人其安否を気遣ひ居たるが、西公使及柴中佐の発したる情報は尤《もっと》も悲しむべき者にありし、そは北京に於る各国公使館は、六月十三日以来全く包囲せられたるのみならず、同二十日よりは董福祥《とうふくしょう》の部下に属する十数営の清兵より、連日昼夜を分かず砲撃せされ、日本水兵及義勇兵は柴中佐の指揮の下に敏捷《びんしょう》に行動し、防御に努め居れども、七月二十七日までに、戦死者八名、重傷者七名、軽傷三十名を出し、形勢頗《すこぶ》る危急なりと云ふにあり。此情報に接するや連合軍は焦《いら》ちに焦ちて、一日も疾《はや》く北京に闖入《ちんにゅう》し、公使以下遺留民を死の運《まわりあわせ》より扶《たす》け出さんと焦《あせ》りたるも、奈何《いかん》せん未だ天津附近には敵の敗兵各所に屯集して動《やや》もすれば我後を覗《うかが》はんとするの傾《かたむ》きあり

また、中国文学者で、文芸評論家だった田岡嶺雲《れいうん》は、義和団の乱のさいに九州日報から従軍記者として派遣されたが、その従軍記事がすぐに『戦袍余塵《せんぽう》』としてまとめられ、一九〇〇（明治三三）年九月に大学館から出版された『侠文章《きょう》』の中に収められた。その中で「情報」が六回ほど使われており、すでに「情報」という語が定着していたことを裏付ける。そればかりか、当時の陸軍の厳しい検閲の実態が描写されていて興味深いので、以下にその一部を引用することにしたい。次の二通は七月四日に九州日報の主筆である白河鯉洋《りよう》に送った私信である。

鯉洋足下《そっか》。
昨日の戦状を其夜かき畢《おわ》りて、今朝検閲に出せし処《ところ》、全文青鉛筆にて抹殺せられ候。所謂《いわゆる》司令部員より公の情報をきかぬうちに、さし出てこんなものをかきたるが当局の御気に障《さわ》り候ものなるべく候。七月四日於天津。

鯉洋足下。
司令部より報道しくる、公《おおやけ》の情報の外は、一事実を増減するも、検閲を通らぬ今の如きにては、所證《ママ》通信員なるものは読聞かさる、情報の筆記が差支なく出来れば之れにて沢山に候。私は今更此に来りしを悔《くや》み申候。七月四日天津に於て。

ここに至り、ついに我慢の限界を超えた田岡は、翌日次のように記し、任務途中で帰国の途についてしまう。

五日一行急に帰装を理《おさ》む、蓋《けだ》し原稿の検閲厳にして司令部自らより出でたる情報に非ざるよりは、縦使《たとえ》其局にありて戦へる人の口より出たるものといへども、忽ち抹殺せられて、我等は公報と一様なる乾燥なる通信をなすの外報ずるに山なく、而《しか》して公報は我等の通信よりも早く芝罘《チーフー》よりの電報によりて日本に達せらるべくして、我等の通信は殆んど無用なると。

野戦郵便で送られたこの郵送記事は、ほぼ一ヶ月の長旅を経て、八月四日の『九州日報』に掲載された。

3　鷗外と「情報」

鷗外造語説

森鷗外（林太郎）は、小説や、クラウゼヴィッツ（Clausewitz）の『戦争論（Über den Kriege）』を訳した文中で、「情報」という語を用いている。このため、戦後になって情報社会が到来したさいに、鷗外が最初に「情報」を使ったのではないかという期待や、願望を裏付ける役割りを担い、一躍脚光を浴びることになった。このため、私が「情報」という語の用例を調べ始めるまで、その語源については森鷗外が造語したとする説が一般的で、いまでもそう信じこんでいる人がたくさんいる。

日本銀行の理事などを務め、森鷗外の研究家としても知られた吉野俊彦は、『週刊東洋経済』の一九八四（昭和五九）年一月二一日号に、

近頃、情報ばやりであろうか、この「情報」という語は日本で誰が使い始めたのか、特に鷗外

が使っていたかどうか調べてくれという依頼が、ここ三年間に数件あった。

と記している。また、それより少しさかのぼって、一九七九（昭和五四）年刊行のＮＨＫ大学講座『情報と認識』を見ると、九州大学の北川敏男（統計学、情報科学）が、

情と報とを結びつけた情報という語は、日本語の世界では、そう古いものではなく、森鷗外あたりの造語とも聞いたことがある。

と書いており、すでに一九七〇年代後半には、「情報」という語の鷗外造語説が流布《るふ》していたように見受けられる。一九七四（昭和四九）年に小学館が刊行した『日本国語大辞典』第十巻の「情報」の項に、鷗外が『藤鞆絵《ふじどもえ》』で「情報」という語を用いた文章が引用されているので、これが噂の引き金の一因になったのではないかと推測する。

日本医薬情報センター理事だった長山泰介《たいすけ》は、「情報」という語の起源を極めて大雑把に調べた上で、『ドクメンテーション研究』の一九八三（昭和五八）年九月号に、鷗外が一八八七（明治二〇）年前後にクラウゼヴィッツの『戦争論』を翻訳した際に造語したのが最初ではないかという、鷗外造語説を公にした。しかし、このことを裏付ける資料は未だに何も見出されておらず、また論文で長山自身が認めているように、単なる予想に過ぎない。前節でその一例を示したよう

に、その後、この説に対する異論がいくつか出た。ただし、それらの多くは『戦争論』の訳本の出版時にすでに「情報」が流通していたことを指摘するもので、一八八七（明治二〇）年頃までさかのぼって検証しているわけではない。

鷗外翻訳のいきさつ

森鷗外は、ドイツに留学していた時に、ベルリン陸軍大学校に留学していた早川（後に姓を田村に戻している）怡与造《いよぞう》にクラウゼヴィッツの『戦争論』の講釈をし、その時に巻一の過半を訳した。この時のようすは、鷗外の『独逸《ドイツ》日記』に次のように記されている。

（一八八八（明治二一）年一月）十八日。夜早川来る。余為めにクラウゼヰッツの兵書を講ず。クラウゼヰッツは兵事哲学者とも謂《い》ふ可《べ》き人なり。其書文旨《ぶんし》深邃《しんすい》、独逸留学の日本将校等能く之を解すること寡《すくな》し。是より早川の為めに講筵《こうえん》を開くこと毎週二回。

鷗外は、その十年ほど後に第十二師団の軍医部長として小倉に転勤になったが、ベルリンでのいきさつを知っていた師団長の井上光《ひかる》中将や、参謀長だった山根武亮《たけすけ》大佐の勧めで、一八九九（明治三二）年一二月から将校のクラブである偕行社でこの本の講釈を始め、訳本の準備に取りかかった。巻二までの訳出分は、北清事変直後の一九〇一（同三四）年六月に『戦論』という題名で第十二師団司令部から石版印刷され、関係方面に配布された。

一方、陸軍士官学校では、フランスの訳本から重訳《ちようやく》作業を進め、同年九月以降に『大戦学理』と名付けて、巻三、四、五、六上を出版した。このことを知った鷗外は、巻三の途中で『戦争論』の翻訳を断念した。陸軍士官学校が、クラウゼヴィッツの軍事哲学の精髄を飛ばして途中の巻から訳出したのは、鷗外の翻訳作業とは無関係だったようで、日本近現代史学者の大江志乃夫《しのぶ》によれば、陸軍では『戦争論』の各論にすぎない巻三以下にしか興味がなかったからだという〔『日本の参謀本部』一九八五年、中央公論社〕。

鷗外が訳した巻一、二と、陸軍士官学校が重訳した巻三以降の双方は、合わせた形で一九〇三（同三六）年一一月に、軍事教育会から改めて『大戦学理』という題で刊行された。また、『門司新報』は、一九〇四年二月から『戦論』と題して、鷗外の訳文を連日掲載した。

鷗外と「状報」

『大戦学理』巻一の六章「戦の情報」（Nachrichten im Kriege）の冒頭に、

情報とは、敵と敵国とに関する我智識の全体を謂《い》ふ。

（Mit dem Worte Nachrichten bezeichnen wir die ganze Kenntnis, welche man von dem Feinde und seinem Lande hat, also die Grundlage aller eigenen Ideen und Handlungen.）

という定義の訳がある。添えた原文からわかるように、「情報」の原語はNachrichtenであるが、大島進が指摘したように、その前の三章「軍事上の天才」で、次に示すように一箇所だけNachrichtenが「情報」でなく、「状報」と訳されている。

戦は偶然の境界なり。人の事業中常に偶然と相触る、者戦に如《し》くは無し。故に偶然の為に多く余地を存せざる可《べ》からざることも亦戦に如くは無し。偶然は諸状況をして其不確実の度を加へしめ、又事業の進捗を阻碍《そがい》する者なり。

彼の諸状報及び諸予想の不確実と此の偶然の頻《しき》りに来ることとは、戦者をして常に其遇《あ》ふ所の其の期する所に異なるを感ぜしむ。

大島進によれば、『戦論』が『大戦学理』に含まれた時に一部の語句に改訂が施されていて、「状報」が「情報」に改められた部分が他にもあるという〔一九九〇年、情報処理学会第四〇回全国大会〕。

このように、確かに鷗外は『戦論』ないしは『大戦学理』で「情報」および「状報」という語を訳語として用いており、もし造語したとすれば、早くて一八八七（明治二〇）年ということになろう。しかし、すでに「情報」という語を用いた訳書が一八七六（同九）年と一八七八（同一一）年に出版され、また、一八八二（同一五）年には『野外演習軌典』に「情報」が採用されている。鷗外が医学校の本科を十九歳で卒業したのが一八八一年であり、鷗外造語説は成立しない。鷗外が早川に講釈した一八八七（同二〇）年頃には、すでに陸軍内で「情報」という語が定着しており、むしろ、早川を通して鷗外が「情報」という語を知った可能性の方が高い。

鷗外と造語

国文学者である小島憲之《のりゆき》は、『ことばの重み——鷗外の謎を解く漢語』（一九八四年、新潮社）の中で次のように書いている。

一般の社会人、民間人たちを「地方人」と呼ぶのが常だった軍隊用語の威圧とおごりの構造のなかに、到底ついて行かれぬ思いだった。わたしは、入隊後間もないころ、顔を洗うべき「洗面所」ならぬ「面洗所」の物かげにひそんで、こうした軍隊用語の造語者の有力な一人であったかという軍医森鷗外をどんなに恨んだことか。

これを読むと、あたかも鷗外が多くの用語を造語していたように受け取れる。
しかし、『鷗外全集』の第十七巻（一九二四年、岩波書店）にある編纂者（入沢達吉、壯司秋次郎）の辞には、さて少し落ついて字をひろつて行くと、忽《たちま》ち奇怪な用字にぶつつかる。これは何かの間違であらうと思つて、貧弱な古字引に当つて見ると、豈《あに》計らんや如何にも歴とした故事のある、而《し》かも字画の正しい熟語である。

とあり、鷗外が漢籍から多くの熟語を引用していていることを示唆している。

鷗外が造語しているかどうかについて、吉野俊彦に直接尋ねたところ、一八九六（明治二九）年に鷗外が雑誌『めさまし草　まきの三』に掲載した、『西楽と幸田氏と』という随筆を教示された。これは鷗外が西楽、すなわち西洋音楽について論じたものであるが、その文中で用いた用語について、

用語の或は妥《おだやか》ならざるは、我国なほ西楽に関する学問上の記述少く、われをして屢《しばしば》已《や》むことを得ずして造語せしめしによる。読者幸いに正せ。

と記し、結びとしている。すなわち、西洋音楽については、これまでわが国では学問的に記述したものが少なく、ここではやむを得ず造語したものがあると、わざわざ断っているのである。このことは、逆に鷗外は、他ではほとんど造語してこなかったことを意味するものであろう。

『戦論』の貢献度

鷗外造語説が否定されると、今度は、鷗外が「情報」という語を普及させたという記述が目につくようになった。しかし、鷗外が「情報」という語の普及にどれだけ寄与したかといえば、大方の期待に反してその貢献度はほとんどなかったとみなしてよい。

鷗外が「情報」を最初に用いた書物は『戦論』および『大戦学理』であるが、これらが出版された時にはすでに「情報」という語が新聞や辞書に現れていて、かなり一般化していたことはこの章と次章の記述からも明らかである。

そもそも、『大戦学理』は陸軍が出版した兵書であり、一般の人が手にするような本ではない。また、クラウゼヴィッツの原本そのものは量が多い上に、非常に難解である。先に引用した『独逸日記』に記されているように、早川が鷗外にクラウゼビッツの『戦争論』を講釈するよう依頼したのは、この難解さによる。早川のような有能な陸軍軍人の語学力をしても、その内容を理解しかねたのである。

防衛大学校の川村康之（国防論）は、『図解雑学　クラウゼヴィッツの戦争論』〔二〇〇四年、ナツメ社〕の中で次のように解説している。

『戦争論』は『孫子』とともに世界的に有名な軍事古典だが、多くの人が読みこなせなくてサジを投げた難解な書物として有名である。その一つの理由として、当時のドイツで一世を風靡《ふうび》していたヘーゲルの弁証法を適用している点があげられる。つまり、抽象（観念的な絶対的戦争）と現実（現実の戦争）を対比させながら戦争の本質へ近づいていく論理構成ゆえに、文章描写は結果として非常に難しくなった。

おそらく軍人でも、『大戦学理』を読んで理解した人は少なかったはずである。また、クラウゼヴィッツの理論は、防禦よりも攻撃を優先する陸軍の軍事方針とは相容れないものだったために、ほとんど注目されず、日本の戦前の軍事書で引用されることは少なかった。例えば、一九一一（明治四四）年に兵事雑誌社から出版された『戦略戦術詳解』は日本陸軍が残した最大の戦略戦術参考書であるが、『大戦学理』については全く触れられていない（前原透『日本陸軍用兵思想史』一九九四年、天狼書店）。

『軍務局長武藤章回想録』（上法快男《じょうほうよしお》編、一九八一年、芙蓉書房）によれば、武藤は一九二九（昭和四）年に陸軍大学校の専攻学生となって「クラウゼヴィッツと孫子との比較研究」を行い、その成果は、後に『偕行社記事』（一九三三年、七〇五号巻末附録）に紹介された。その後、日本兵学界にクラウゼヴィッツと孫子が再熱的に論議の的となったと回想しているが、日中戦争の当初に作戦課長だった武藤がクラウゼヴィッツの理論をどれだけ活かしたのか、はなはだ疑わしい。

馬込の『戦争論』

日本でクラウゼヴィッツの『戦争論』に関心を寄せたのは、むしろ軍人ではなく、左翼の思想家たちだった。一九三一―二（昭和六―七）年に南北書院から訳書『戦争論』を出版した馬込《こまごめ》健之助（淡《だん》徳三郎）は、訳者序言の中で次のよう述べている。

クラウゼヴィッツが吾々にとつて興味があるのは、それが軍事専門家によつて重んじられてゐる為ばかりではない。彼は又、マルクス、エンゲルス、レーニンを始め、多くの共産主義者達の細大の関心の対象ともなつてゐたのである。

クラウゼヴィッツの所論を最も徹底的に取り入れる事の出来たのはレーニンであった。彼は戦争と政治との連関に就いてのクラウゼヴィッツの理論を、交戦国内部の階級闘争に対して迄も延長した。

また、馬込は鷗外の訳文について、

稍《やや》古体に属し、現代の多数の読者には、宛《あたか》も漢文を解読するが如き感あるを免れない。

と指摘し、新たに訳出を試みた理由の一つに挙げている。馬込の訳書は、ほどなく一九三三年に岩波文庫に収録された。
このように、兵書で、かつ内容も記述も、ともに難解な『大戦学理』を一般人が読んだとは到底考えにくく、『大戦学理』は「情報」ということばの普及にほとんど寄与しなかったとみてよい。『大戦学理』の中で、鷗外が訳出した部分が岩波書店の『鷗外全集』第三四巻に収録され、出版されたのは一九七四（昭和四九）年で、一般の人が普通に閲覧できるようになったのはこの後になる。

「情報」を用いた作品

他に、「情報」という語を用いた鷗外の作品として、年代順に、『朝寐《ね》』（一九〇六年）、『脚本「プルムウラ」の由来』（一九〇九年）、『藤鞆絵《ふじどもえ》』（一九一一年）、『大塩平八郎』（一九一四年）および『渋江抽斉《ちゆうさい》』（一九一六年）を挙げることができる。
この中の『藤鞆絵』では、「情報」がキーワードになっている。佐藤という主人公が待合で酒を飲んでいた時に、遅れてやってきた若い芸者が前にきて、「あら、しばらく」と声をかける。全然見覚えのない人なのでびっくりするが、この時のようすを、
かう云ふ不慮《ふりよ》な出来事は、丁度軍隊の指揮官が部下の大勢ゐる前で、予期してゐない情報を得た時のやうなものである。

と描写している。

どこで会ったのか、とんと思い出せないので、交わす会話の中から一生懸命に手がかりをさぐり出そうとする。「あなたあれきり手紙も下さらなかったのね。随分だわ」の「あれ」という語に「第二の情報」が含まれており、「わたし、あの時お話したようになっちゃうから」の「あの時」から「第三の情報」を得るというわけである。周りから「お安くないね」とからかわれるが、それでもまだ思い出せない。実は芸者が、着物の紋が同じ藤鞆絵だった佐藤を身代わりにして、遠く離れている人にいいたいことをいったという話である。

他の作品を見ると、『朝寐』では「情報課の参謀」、『脚本「プルムウラ」の由来』では「信度《しんど》国王ダアヒルは、長男ゲシユヤの情報を得て軍議を凝《こら》したが」、『大塩平八郎』では「土井の二度の巡見の外、中川、犬塚の両目附は城内所々を廻つて警戒し、又両町奉行所に出向いて情報を取つた」、『渋江抽斉』では「戦争は既に所々に起って、飛脚が日ごとに情報を齎《もたら》した」という表現が使われているが、いずれも「情報」は一作品に一度現れるだけである。

これらの用例を見ると、鷗外は「情報」を軍事用語としてかなり意識して使っていたことがわかる。右に示した作品はすべて北清事変からかなり年数が経ってから書かれたものであり、また、「情報」の出現回数も少ないことから、「情報」ということばの普及に対する鷗外の貢献度はかなり低いとみなざるを得ない。

作家等の用例

当時の作家達が書いた文書で、「情報」の用例を探してみることにしよう。

一九〇一（明治三四）年発行の雑誌『太陽』第三号を見ると、東洋史学者になった内藤湖南《こなん》が『清朝興衰の関鍵《かいけん》』の中で情報の伝達速度にふれ、「情報の快速と補充の整備を以て勝を全局に決し」とか、「浙江《せっこう》は三千三百清里にして、四日にて達する情報は豈《あ》に電報なき時代に於て、最《もっと》も神速《すみやか》の者とせざるらんや」と記述している。

小説で初めて「情報」を使ったのは鷗外だ、と書いた本もあるが、一九〇六（同三九）年一一月発行の雑誌『心の花』に掲載された『朝寐』以前に出版された軍事小説で、すでに「情報」が使われている。例えば、戦争小説家として人気を博した江見水蔭《えみすいいん》が一九〇四（同三七）年に書いた『軍事小説　武装の巻』〔博文館〕には、

五千の露兵、韓境を犯し、続々前進して来《きた》らんとの情報は、櫛《くし》の歯を引くが如くに来つて、城津《じょうしん》居留民の耳に伝はるのである。

という表現がある。また、博文館から従軍記者として派遣された田山花袋《かたい》の『第二軍従征日記』〔一九〇五年、博文館〕に、次に示すように「状報」の用例がある。

近くまで行つた憲兵や、司令部から遣《や》つて来た伝騎などの状報から段々先方の状況を綜合して見ると、何《ど》うも戦闘が明日も続き相《そう》である。

一九〇四（同三七）年に「勤王の母」と呼ばれた松尾多勢子《たきこ》の伝記が公論社から出版されている〔清水謹一『勤王女傑贈正五位　松尾多勢子』〕。信濃の伊那地方の山間に住んでいた多勢子は、尊皇の論が盛んになり、予《かね》て交流のあった諸藩の志士から頻繁に上京を促されたことから、一八六二（文久二）年に夫敦斉《じゅんさい》の許可をもらって京都へ赴く。この時多勢子は五十二歳であった。このようすを描写したのが第七章であるが、そのタイトルは「刀自《とうじ》情報に接して上京す」で、「情報」が使われている。

他に作家では、二葉亭四迷も「情報」を用いており、日記には「監督公使館及山根将軍を訪問すとて出て行く、これに托して昨夜の情報を山根将軍ニ致す」という表現を、また遺稿に「亜細《アジ》亜《ア》ニ於テ政治上尤《もっと》モ重要ノ地方少カラス、而シテ此等ノ地方ヨリ情報ヲ我ニ齎シ来ル者ハ、偶々《たまたま》派遣セラレタル将校ト学術遠征隊トニ過キスシテ」という用例を見出すことができる。

第4章　第二世代の「情報」

1　明治後期の「情報」

日露戦争の報道記事

すでに述べたように、「情報」という語が新聞に最初に現れたのは一八九四（明治二七）年の日清戦争の時であったが、その六年後の北清事変の報道で早くも新聞用語として定着し、日本語として一般化した。「情報」ということばの第二世代の到来である。さらに、その四年後に日露戦争が起き、新聞における「情報」の出現回数は再び急増した。この時に使われた自由通信社の『電信暗号』（一九〇四年）を見ると、「情報（ニ曰《いわく》）」「情報ニ依レハ」および「情報ニ接（シタルカ故）」を置き換える電信略号がすでに登録されているのがわかる。

次に示す記事は、日露戦争が始まって間もない、一九〇四（同三七）年二月一四日の『東京朝日新聞』に掲載されている「市中見聞録」で、東京市民の戦況に対する関心の高まりを伝えている。

士気の振興日を趁《お》うて其度を高め　今や全国の老幼争つて軍事の情報を知らんと望み　首を伸ばし　足を翹《そばだ》て、戦地の消息を待ち　一報ある毎に拍手して之を迎ふるの意気込　亦熾《さかん》なりといふべし

号外は勝利の報告とみなされたため、京都では号外号外という呼び声が国旗掲揚の合図になったという（知久政太郎『変装探訪　世態の様々』一九一四年、一誠堂）。

前章の表1に示したように、日露戦争時に当たる一九〇四―五（同三七―八）年の二年間で、『時事新報』における「情報」の使用数は三百六十六回に及ぶ。ただし、この間に「状報」の用例は一つもない。また、社説に「情報」が現れるのは一九〇四年八月一二日が最初である。

この中で、見出しに使われている「情報」の使用数は百三回で、その割合は全体の二十八％であり、八割あった北清事変の時に比べて、使用率は大幅に減少している。すなわち、文中で「情報」が使われる割合が圧倒的に多くなっている。見出しのほとんどは、「敵国情報」「旅順情報」のように「情報」で名詞止めになっていて、そうでないのは「仁川港外の海戦情報に就て」「旅順の情報なし」「敵国情報一束《いっそく》」「俘虜情報局開設」「俘虜情報局の開始」「俘虜情報局分設」「俘虜情報局長更迭《こうてつ》」のわずか七例にすぎない。

次に、文中で使用されている二百六十三回の用例を見てみると、圧倒的に多いのは「情報によれば」という表現である。ただし、「よれば」として「拠れば」や「依れば」も使われているの

で、それらを併せると百二十四回あり、文中で使用された回数のほぼ半分に当たる四十七％を占めている。

これらの三つを併せた「情報によれば」の中でも特に多いのは、「其（或）筋に達したる情報によれば」と、「確《たしか》なる筋に達したる情報によれば」という表現で、併せて三十六回ほどに及ぶ。他に「……との情報あり」「……との情報達せり（達したり）」「情報左の如し」「情報に曰《いわ》く」「諸種の情報を綜合すれば」「情報を得たり」「情報に接し」といった表現が目に付く。

雑誌では、一九〇四（同三七）年発行の『中央公論』七号の目次に、「戦地情報」という見出しが見つかる。ただし、本文では「満洲片信」という題目になっていて、西山栄久記者が戦地から発送した手紙が掲載されている。

俘虜情報局

一九〇四（明治三七）年早々に日露戦争が始まると、すぐに俘虜情報局設置のための条例が公布された。俘虜情報局は俘虜に関する諸情況の調査、遺留品、遺言書などの保管、俘虜に対する寄贈品の取扱い、敵国の戦死者あるいは敵国に俘虜になった者の情況調査などを行うとともに、俘虜に関する一切の問合せに答える指命をもつ。

俘虜情報局という名称は、官制における「情報」の最初の用例になる。二月に設置された俘虜情報局の初代長官は石本新六陸軍少将であった。その五年前の一八九九（同三二）年に、オランダのハーグで開かれた万国平和会議で陸戦の法規慣例に関する規則が調印されたが、その第十四条で、次に示すように戦時、俘虜情報局を設置することが定められており、それに基づく措置である。この法規は、日本では一九〇〇（同三三）年に批准、公布された。

第十四条　戦闘開始ノ時ヨリ各交戦国及場合ニ依リテハ交戦者ヲ版図《はんと》内ニ収容スル中立国ニモ俘虜情報局ヲ設置ス　該局ハ俘虜ニ関スル一切ノ問合ニ答フルノ任務ヲ有シ各俘虜ニ関スル銘銘《めいめい》票ヲ作ル為各当該官衙《かんが》ヨリ総テ必要ナル通報ヲ受領ス　俘虜ノ留置移動入院並死亡ニ関スル現況ハ該局ヲシテ之ヲ知悉《ちしつ》セシム
情報局ハ尚戦場ニ於テ発見セラレ又ハ病院若ハ繃帯《ほうたい》所ニ於テ死亡セシ俘虜ノ遺《のこ》シタル一切ノ自用品有価証券書状等ヲ収集シテ之ヲ其ノ関係者ニ伝送スルコトヲ担任ス

この批准書のフランス語原文を見ると、「情報局」は Bureau de renseignements である。俘虜情報局は戦前に三回設置されており、その設置時は、二回目は第一次世界大戦でドイツに宣戦した一九一四（大正三）年九月、三回目は太平洋戦争が始まった一九四一（昭和一六）年一二月である。俘虜情報局の設置に伴って、俘虜収容所が各地に設置された。特に一回目のロシア軍人、二回目のドイツ軍人に対する収容所の、過剰とも思える厚待遇がよく知られている。日露戦争では、この扱いの良さが戦地のロシア軍人にも伝わっていたようで、日本海海戦で捕えられたロシア兵士は口々に「マツヤミ（松山）」（松山大学編『マツヤマの記憶―日露戦争100年とロシア兵捕虜』二〇〇四年、成文社）と収容所の地名を叫んだという。また、日独戦争におけるドイツ人の俘虜には予備役の人が多くいて、その中には学者や、実業家、特殊技能保持者などが含まれていたため、酪農、印刷、染色、醸造、ハム製造など、彼らの持つ多くの技術が日本に伝授された。ベートーベン（Beethoven）の「第九」は、徳島県の坂東《ばんどう》収容所でドイツ人俘虜によって最初に演奏されたという（冨田弘『坂東俘虜収容所』一九九一年、法政大学出版局）。

しかし、捕虜になった者は自国の軍法会議で裁かれていて、その扱いは厳しかった。日本では、日露戦争の終盤で騎兵団の生死不明者が増えた。団長の秋山好古《よしふる》少将は、「是れを諸情報に徴するに我軍の機密は比較的瞭明に敵軍の探知する所となるもの、如し、而して其主なる材料は我俘虜の自白に依るもの多しと云ふに至りては豈《あに》驚かざるを得んや」と前置きし、各隊長はこのさい特に部下を戒《いま》しめ、精神教育を励行せしめると同時に、「万一不幸にして負傷の結果精神に異常を呈し真に止むを得ず俘虜となりたるものにありても断じて我情況を告白すべからず、敵の訊問に答ふるの義務なきことを銘心せしむ可し」と訓示している（山中金次郎『蹄《ひづめ》の光』一九二三年）。

商業報道

一八八八（明治二一）年刊行の訳書、『経済説話　金儲之秘訣《かねもうけのひけつ》』（バルナム著、福岡弘賢訳補、金港堂）を見ると、商人は相場（原文では相庭）の高低を知れば失敗せず、また、金儲けの機会を逃することなく、巧みに利益を得ることができる。それ故、商人たる者は常に信憑《しんぴょう》性に足りる新聞を購読して、日々の相場や、風潮の変化や、世上の景気などをうかがい知り、以て事業を執行することが緊要である。今日では、通信や航海が自在になって外国の報道が迅速に伝わるようになり、新聞は各事業において肝要な改良発明の報道に怠りないとして、新聞報道の活用を説いている。

また、明治の終わり頃まで、生駒山上では、赤白二流の大旗を年中振り回している「旗振り」と呼ばれる光景が見られ、旅慣れない人目を驚かしたという〔『時事新報』一九二五年八月一日〕。ただし、こうした米相場の遠距離伝達方式は、電信電話の発達によってほどなく姿を消してしまう。

このような例を挙げるまでもなく、経済活動における情報の重要性は高い。このため、「情報」ということばは、一般化するとすぐに、新聞の経済面でも用いられるようになった。例えば、日露戦争の最中に、『時事新報』では一九〇四（同三七）年四月一七日の「日本公債の好況」と題した記事に「倫敦《ロンドン》より其筋に達したる情報によれば」という文章が、また翌年一月四日の記事に「米国棉花《めんか》情報」という見出しが見つかる。

内外商工情報

外務省の公使館書記を経て、陸軍と第二高等学校のドイツ語教授を務めた木村元雄は、その後内閣統計局事務官嘱託になった時に『内外商工情報』を編纂し、日露戦争前の一九〇三（明治三六）年に出版した。本の表題に「情報」が用いられているが、緒言である「内外商工情報の精神」の文中では、カギ括弧付きで「インフオーメーション」と記述しており、ここで用いた「情報」は、英語の information に対応している。

日清戦争での勝利後、日本企業が本格的に海外進出を企てるようになった。また、海外から日本の商工業者と取引を始めようとしたり、同業者を求めたり、事業の大小を知ろうとして、そのインフォメーションを領事に依頼するものが少なからず出てきた。しかし日本では、外国人にそうした業者の事業を知らせる便を図る機関がなかったため、木村はドイツなどで発行されているような「エキスポート・アドレスブック」を編纂したという。

この本は「情報」と「インフォメーション」を結びつけた、最初の用例と思われる。

商社の情報機関のすすめ

素性はよくわからないのだが、高橋謙三という人が日露戦争終盤の一九〇五（明治三八）年五月に『戦後経済論』（奉公会）を出版し、情報機関の改良を説いている。ただし、ここでいう「情報機関」は、商社や商店の内部に置くべき情報部門のことで、英語の、特定の組織名を指す intelligence に対応する。この名称は、今では民間で口にすることが回避されるようになっているために、違和感があるかもしれないが、戦前ではごく普通に使われていた。

日清戦争以後、日本の生産力や経済力は向上したものの、外国貿易は依然として輸入超過が続いていた。高橋はその要因の一つとして情報機関の欠乏を挙げている。貿易が振るわないのは、相手国の風俗や習慣に疎《うと》く、また商品の需要範囲やその性質を熟知していないことにもよる。製造品の外国に於ける需要や、その使用目的、その時々の変遷を究める必要がある。最初売れたからといって、これを目安にしたり、製品の嗜好が変わっていることに気付かずに旧態然として輸出を続けたり、あるいはその使用目的を知らずに無駄撃ち的に輸出しているきらいがないでもない。

これまでの日本の外国貿易事務を見てみると、いわゆる外国貿易家の多くは自分の店頭に座して、商務省や領事館に依頼して取引契約の要件や代価支払いの方法などに関する掛け合いをすることが仕事だと思っているようで、電信や書状で直接各国の商店と取引を照会することをしていない。米国では一種の仲買の方法があり、仲買人は広く海外諸国の輸出入業者と取引し、また自国の外国貿易事業ならびに内地相場の形勢に熟達している。もし彼らに委託すれば、余裕があり、安価な商品を周旋するという利があるばかりでなく、多数の運輸輸送会社と特約しているので、運賃が安く済むという極めて大きな利点がある。したがって、情報の機関を大いに改善し、拡充すべきだと主張した。

日印商事状報局

例えば、一九一五（大正四）年四月一〇日の『神戸新聞』を見ると、カルカッタの帝国領事からの通報として、同地では、欧州大戦によってドイツやオーストリアからの輸入が途絶えたため、貿易発展の新機関として、日印の商事状報局または商事照会局を設置する計画があることを伝えている。

その要旨を見ると、商事状報局の役割は、「日本に於ける各種製造家ならびに輸出家より諸般の商業状報を蒐集し、逓信省またはその他特定の当事機関の紹介を経て、これ等当業者と郵便または電信をもって通信連絡をなすこと」、蒐集した「商事状報は該商事状報局よりカルカッタ市ならびにその他のベンゴール州に於ける商業中心点にある商人に伝達し、而して当地商人の注文は該状報局より日本当業者に配送し、商取引条件、値段、コンミツシヨン、割引、荷物発送、引渡および支払等の条件は該状報局及日本当業者間に於て協定」すべきこと、「ベンゴール州およびその西南諸州の主なる各地に地方代理局を設け、左記各商品の販売に就て各区画内に於ける全権を付与し、かつまたその区域内においてこれ等を随意に代理支部を設くることを得しむること、これ等地方代理局に其の管轄内に在る取引商人の信用等を銀行により調査し、かつ日本品輸入に関し各地方の状況を探知し、これを本局に通達すること」などと記されている。

新聞の用例

日露戦争後、新聞で「情報」は、戦争報道以外に、騒動や災害などが起きた時の初期段階における速報に現れることが多かったが、平時では、政治、外交、貿易の交渉や、商業事情の報道などで広く使われるようになった。いくつか例示すれば、次のような報道が見つかる。

ロシア革命の最中《さなか》、一九〇六（明治三九）年八月一二日の『時事新報』は、「七月廿六日の情報に依れば浦塩《ウラジオ》（斯徳《シトツク》）為替相場は非常の変態を来し」と、相場の劇変を伝えている。また、同年にサンフランシスコ市で公立学校から日本人児童が排除される問題が起き、米国政府が当時の日米条約で日本人の享有《きょうゆう》する権利を尊重し、連邦州政府のとった処置を撤廃することができるかどうかが争点となった。一二月一日付の『時事新報』は、外電がルーズベルト大統領が円満な解決は不可能だと判断し、本件を放棄することになろうと伝えたのに対して、「信ずべき筋への情報にも華盛頓《ワシントン》の形勢は依然変調を呈せずとのことなれば此報道は何等かの間違なるべし」と報道している。

イギリスの豪華客船タイタニック号は一九一二（同四五）年四月に遭難したが、五月二四日の『二六新報』は逓信省のある当局者の談話として、「最近に得たる情報に依れば英、米、独の三国（仏国も亦《また》多分参加せん）主唱となりて船舶の救命施設に関する万国会議を開く事に議纏《まとま》りたるやなれば近く我日本に対しても何等か通牒あるべきが（後略）」と記載している。

また、一九一四（大正三）年には、三月末から取り付けが激増していた大阪の北浜銀行が日本銀行の支援を得ることができず、結局破綻したが、その時のようすを八月二〇日の『大阪朝日新聞』は、次のように記している。

時刻は刻々推移せり　本店にては切《しき》りに情報を待ちつゝ、ありたるも遂に午前八時半に至つて東京より「万事休す」との情報あり　九時十五分に至つて支払停止を決行するの已むなき運命となりたるなり

2　辞書と「情報」

国語辞書

国語辞典に「情報」ということばが現れるのは、小説家としても知られる山田武太郎（美妙《びみょう》）が編纂した『新編漢語辞林』が最初のようで、この用例は、京都大学の大学院生だった山花哉《ちか》夫が一九九八（平成一〇）年に最初に指摘している（京都大学水谷雅彦（倫理学）からの私信）。この辞書は、日露戦争が始まる直前の、一九〇四（明治三七）年二月に青木嵩山堂から出版されたが、辞書が出版されるまでに要する準備期間を考慮すれば、一九〇〇（同三三）年の北清事変で「情報」が一般化したことに伴う採録と見なすことができる。

その後発行された国語辞書に、次々と「情報」が採用されたが、明治、大正期の国語辞典に現

れた説明を羅列すると、次のようになっている。

一九〇四年　コトワケノシラセ　『新編漢語辞林』（青木嵩山堂）
一九〇五年　やうすのしらせ　『訂増中等作文辞典』（明治書院）
一九〇五年　情況を探りて報知すること　『新式いろは引節用辞典』（博文館）
一九〇六年　やうすの知らせ　『漢語国語作文新辞典』（矢嶋誠進堂）
一九〇七年　事情のしらせ　『辞林』（三省堂）
一九〇七年　コトガラノシラセ　『学生必携明治辞典』（金港堂）
一九一二年　事情ノ報告　『大辞典』（嵩山堂）
一九一四年　事柄のしらせ、情状の報知　『辞海』（郁文舎）
一九一五年　事のやうすを知らせる報知　『ローマ字びき国語辞典』（冨山房）
一九一六年　事情の報知　『国語・漢文ことばの林』（立川文明堂）
一九二三年　事の実際のありさまの知らせ　『字源』（北辰館）
一九二五年　事情のしらせ　『広辞林』（三省堂）
一九二五年　ありさまのしらせ　事のやうすのしらせ　情況の報知　『大漢和辞典』（春秋書院）

ただし、二番目の『中等作文辞典』は『明治のことば辞典』〔惣郷《そうごう》正明、飛田良文編、一九八六年、東京堂出版〕の孫引きで、訂増版はまだ閲覧できていない。

これらの辞典の説明を見ると、「情報」はおおむね、「知らせ」「報知」ないしは「報告」と解釈されていて、「ありさま」とか「報道」という解釈は見当たらない。北清事変まで、「情報」は主として兵語として使われてきたにもかかわらず、国語辞典の記述にはまったく軍事色が感じられず、軍事用語から切り離された、極めて一般化された定義になっていることが注目される。しかも、この傾向はその後も続き、今日に至っている。

「情報」が、日本語として短期間で急速に普及した経緯と考え合わせれば、日本では「情報」に相当する概念がかなり以前から、広く一般的に存在していたと考えるのが自然である。

顧みれば、古来から軍事や政治面に限らず、一般生活でも意識的に「情報活動」は行われてきたわけで、特に日本人は、極めて「情報」の好きな民族ということができよう。災害が起きたり、情報が統制されたりすると、いち早く情報を得たいと思うのは人情の常であるが、人の考えを聞いたり、人の知恵を借りるよりは、他人が聞き込んだ事を訳もなく知りたがる。そして、その噂話が少しでも首尾が整っていれば、それに従って行動を起こそうとする。知らないことや、どうしようもない情況に陥ることに対する警戒心が強く、また、自分の意見をもたずに隣人や他人の動勢をうかがい、横並びでそれに追従しようとする習性があるため、絶えず情報を求めており、情報に触れていなければ極めて不安に陥る傾向が認められる。

日露戦争後の兵語辞書を見ると、一九〇九（明治四二）年編纂の『野外要務令字解』（南川圓太郎、誠志社）では、「情報」を「イロイロノシラセヲヒツクルメタルモノ」と説明しており、一九二三（大正一二）年出版の『大日本兵語辞典』（原田政右衛門、成武堂）では、「情報」を次のように定義している。

敵の動静行動等細大洩らさずしらせ来るたより、作戦上参考となるべき資料。

行為を意味する「情報」

現在「情報」といえば、伝えたり、伝えられる内容が中心になっていて、それを集めたり、伝える行為を意味することはほとんどない。しかし、『仏国歩兵陣中要務実地演習軌典』には「歩哨ハ緊要ノ情報ヲナス所ノ諸記号ニ能ク注意シ」という用例があって、「情報をなす」という、行為を意味する表現が使われている。また一九三三（昭和八）年に出版された『研究社英和商業経済辞典』には、「情報する」という項目があり、「give intelligence」という英訳がついている。

そこで、もう少し詳しく用例を調べてみると、「情報をなす」や「情報する」だけでなく、以下に示すように、「情報を行う」「情報を致す」とか「情報に及ぶ」「情報された」といった、いまではむしろ違和感を覚えるような、伝える行為を示す用例を見いだすことができる。ただし、そのいずれも使用頻度は少なく、しかも出現時期はほぼ戦前に限られている。

まず、「情報を致す」という用例は、明治中期のフランス兵書の訳本、ないしはそれに準じた教程本にいくつか見つかる。例えば、カンプノン（Campeano）編の『仏国陣中軌典』〔一八八五年〕に、次の訳文がある。

此騎兵ノ司令官ハ　断《た》ヘス本軍ノ司令官及ヒ探偵勤務ノ司令官ト交通ヲ保チ　且ツ本軍ノ司令官ニ翌日ノ行進ニ要スル諸情報（ランセーギュマン）ヲ致スヘシ

また、明石元二郎が日露戦役の功により、一九〇五（明治三八）年に大本営参謀総長から受けた勲績の、左記の明細書にその用例がある。

陸軍歩兵大佐従五位勲四等功四級　明石元二郎

殊勲乙

右者　明治三十七年二月十日参謀本部附被仰付《おおせつけられ》　欧州ニ在テ諜報勤務ニ従事シ　屢次《るじ》有益ナル情報ヲ致シタル而已《のみ》ナラス　某機密特別任務ニ服シ　多大ノ効果ヲ現ハセリ　其ノ成績殊勲乙者ト認ム

明治三十八年十月十六日　　大本営参謀総長元帥陸軍大将侯爵　山県有朋

「情報する」については、前に引用した田岡嶺雲の『戦袍余塵』〔一九〇〇年〕に、次の用例がある。

二十六日夕（中略）天津の猶危殆《なおきたい》にして、太沽《タイクー》との間未だ連絡せざるをいひ、宜《よろ》しく芝罘《チーフー》に去るの可なるを説く、且《かつ》列国連合して交互船一隻を発して芝罘に到らしめ本国に情報するに充つるをきく。

他に、日露戦争開戦直前の一九〇四（明治三七）年一月二七日の『萬朝報』に、「公使栗野の情報」という見出しで、日露交渉案件につきロシア政府と交渉に当たっていた栗野全権公使がその筋へ、ロシア側から「四五日中には必ず回答あるべしと情報したる由」と伝えたという報道が掲載されている。これと同じ報道は、武田音作の『日露戦争実記』（一九〇四年三月、金港堂）にも記載されていて、そこには、「公使栗野より情報したるよしなるが」と記されている。

大正以降の用例

行為を意味する「情報」として、大正期では、妹尾薇谷《せのおびこく》の『日本史蹟文庫　大阪陣』（一九一四年、岡田文祥堂、山本文友堂）に「板倉勝重大阪の武備を関東に情報す」「板倉勝重之《これ》を関東に情報す」とか、「駿府《すんぷ》及び江府《こうふ》に対し情報に及んだ」という用例が見つかる。

昭和期では、『大阪朝日新聞』が一九三一（昭和六）年六月四日付けで、中国の国貨維持会が中心となって外人工場、とりわけ邦人の工場に対する圧迫運動が台頭したが、その成り行きが注目されるに至ったと、「三日上海から郵船門司支店にも情報された」と伝えている。さらに、一九三四（昭和九）年一〇月二九日付けでは、外務省は、情報部長が外国記者団と会談した時の内容がアメリカ言論機関を刺激したと伝えた外電に対して、これは日本を牽制しようとする国際的な策動を裏付けるもので、これに乗じて利害関係を持つ当業者が「自己に有利なる国際輿《よ》論の醸成《じょうせい》をはからんとしてゐるものとの信ずべき情報さへ行はれている」と警戒している旨伝えている。

また、鉄道局工務課の『最近国有鉄道災害記録』（一九三六年）を見ると、一九三五年（同一〇年）八月の東北地方の水害のさい、工務課に情報部を置き、「関係方面の連絡情報に勉めた」との記載がある。

慶応義塾大学の上田修一（図書館・情報学）は『情報と information の語の意味の変遷』（『情報の科学と技術』一九九〇年一月号）の中で、オックスフォード英語辞典の記述から information の意味が「伝える行為」から「伝える内容」に変わっていった変遷について考察しているが、これと似たように、「情報」でも時代とともに「伝える行為」が淘汰されたように見受けられる。

中国語の情報

ところで、中国でも「情報」という語が使われているが、中国人自身が日本から移入された語として認めていることについてはすでに触れた。これまでの、中国の辞書における「情報」の説明を列挙してみると、次のような記述になっている。

『辞源』（一九一五年）

軍中集種種報告。並預見之機兆。因以推定敵情如何。而報於上官者。

『辞源　続編』（一九三一年）

軍用語。因各種報告及預兆状況等推測敵情之報告。

『辞海』（一九三八年）

戦時関於敵情之報告、曰情報。

『辞海縮印本』（一九八〇年）

（一）以偵察手段或其他方法獲得的有関敵人軍事、政治、経済等各方面的情況、以及対這些情況進行分析研究的成果。是軍事行動的重要依据之一。

（二）泛指一切最新的情況報道。如：科学技術情報。

これらを見ると、移入した側の中国では「情報」を軍用語として明確に位置づけており、日本の辞書の表現とは明らかに食い違っている。

一九〇〇（明治三三）年に中国で批准された陸戦の条約を見ると、批准書の中で「情報」という語が使われており、この時期には、すでに「情報」が中国に移入されていたことがわかる。したがって、日本で北清事変の新聞報道に「情報」が多用される以前の、第一世代の「情報」が移入したものであり、日本の陸軍で教育を受けた人か、日本の兵書を学習した人が用いたものが中国で定着したために、日本で一般化した第二世代の「情報」とは異った解釈が流通したとみなすことができる。

因みに中国では、「情報理論」は「信息論」と訳されていて、「情報」は使われていない。逆に「信息《しんそく》」という語は、日本では消息とか、便りの意味で古くから使われており、例えば一八六四(元治元)年に発行された『官版香港新聞』の日本語訳である『香港新聞紙』に、「欧羅巴《ヨーロッパ》ヨリ来ル信息ニ云ク」とか「欧羅巴火船ノ帯《お》ヒ《び》来ル信息ニ云ク」いった記事があり、明治期までの用例を、他にいくつか見いだすことができる。しかし、結局のところ「信息」は日本語として広く流通するまでには至らなかった。

フランス語辞書

「情報」ないしは「状報」が西洋語の辞書に現れるのは、その原語がフランス語の renseignement であったせいか、フランス語の辞書が圧倒的に早い。すでに、日清戦争より七年前の一八八七(明治二〇)年に、仏学塾から合本出版された『仏和辞林』の renseignement と renseigner の項に早々と「状報」が記載されていて、information(アンフォルマスィオン)と合わせて示すと、次のように解説されている。

Information, *s.f.*　形体ヲ付与スルコト（理）。予審（法）。証人陳述調書。
——, *pl.*　聞知（通語）。
Renseignement, *s.m.*　掲示。告知。状報。立証スルコト、参考（法）。
Renseigner, *v.a.*　再ヒ教示スル。告知スル。
　se ——, *v.r.*　状報ヲ収ムル。

ここで略語の（理）は理学、（法）は法律学および裁判所の用語であることを意味しているが、陸軍の用語を意味する（陸）の略語が「状報」には付いていない。すなわち、ここでは「状報」は兵語でなく、一般語として認識されていたことを示すもので、注目に値する。

この辞書は中江篤介《とくすけ》（兆民）が校閲し、野村泰亭《やすゆき》が編纂したものであるが、不可解なことに、一八九一（同二四）年九月の訂正版、翌年九月の訂正第三版では、いずれも renseignement の「状報」が「通報」に置き換えられている。ところが、この後に野村泰亭が編纂した仏和辞典を見てみると、一八九三（同二六）年の『仏和字彙』、一八九八（同三一）年の『仏和辞典』、一九〇一（同三四）年の『仏和新辞典』では、元通り「状報」に戻されている。

また、北清事変直前の一八九九（同三二）年に丸善から発行された織田信義他編の『和仏辞書』にも「情報」が採録されていて、その対応語は renseignement である。その後も、ほとんどのフランス語辞書では「情報」と renseignement とが対応語として取扱われている。戦前の辞書で少し違った表記のものを示せば、一九二七（昭和二）年出版の丸山順太郎編『和仏辞典』〔白水社〕では、「情報」として rapport と renseignement を挙げている。また、renseignement 以外に、information（アンフォルマスィオン）にも「情報」を結びつけたものとして、一九二一（大正一〇）年出版の柳川勝二他編『模範仏和大辞典』〔白水社〕と、一九三八（昭和一三）年出版の丸山順太郎編『コンサイス仏和辞典』〔三省堂〕がある。

ドイツ語辞書

森鷗外が『戦論』で、Nachricht を「情報」ないしは「状報」と訳したことについてはすでに述べた。ドイツ語の辞書で、最初に「情報」が現れるのは、北清事変直前の一八九九（明治三二）年に出版された藤山治一《はるかず》、高田善次郎共編の『独和兵語辞書』〔独逸語学雑誌社〕で、その中では、

Nachricht, *f.*　情報

Nachrichtendienst, *m.*　情報勤務

Kundscaft, *f.*　諜報

と解釈されており、一九〇九〈同四二〉年に兵事雑誌社から出版された兵藤三郎の『最新独和兵語辞典』でも、同じ表現になっている。

一方、一九一一〈同四四〉年に金港堂から出版された藤井信吉編の『独和兵語辞典』では、次に示すように、Nachricht は「情報」ではなく「通報」とか「課報」と訳されている。

Nachricht, *f.*　通報
Nachrichtenbureau, *n.*　課報部
Nachrichtendienst, *m.*　通報勤務

しかし、これ以降の、戦前に出版されたドイツ語辞書のほとんどで、「情報」に対応する独語は Nachricht である。これらと異る記述の辞書を示せば、一九一二〈明治四五〉年出版の小田切良太郎編『新訳註解和独辞典』〈冨山房〉では Meldung、岡倉一郎編『新訳和独辞典』〈金刺芳流堂〉では Bericht だけを「情報」に挙げている。また、一九三三〈昭和八〉年出版の登張《とばり》信一郎編『大独日辞典』〈大倉書店〉では、Information〈インフォルマツィオン〉にも「情報」という訳語が付けられている。

ドイツ語の Information は英語の information が元になった外来語である。いまでは Nachricht と Information は少し違った意味で使い分けられていて、動詞に変化させて説明すれば、

informieren は「情報を伝える、教える、公開する」意味で、また benachrichitigen は「知らせる、報道する」という意味で使われている。日本語では、Information は「情報」、Nachricht は「ニュース」が近い。

チャーチルの英語辞書

ここまで見てきたように、戦前ではおおむね「情報」はフランス語の renseignement、ドイツ語の Nachricht に対応している。また、既述のように、『五国対照兵事字書』でこれらの両語に対応する英語は information と intelligence であり、木村元雄は『内外商工情報』で、「情報」を information の意味で用いている。

さらに、一八九五（明治二八）年に発行されたファース（G. A. Furse）の『Information in war』を見ると、森鷗外が『戦論』で、「情報とは、敵と敵国とに関する我智識の全体を謂ふ」と訳した文章の英訳は、

By the ‘information,’ we denote all the knowledge which we have of the enemy and his country.

となっていて、「情報」に information が充てられている。これらの用例からみて、英語辞書で

は初めから「情報」は information と深く結びついていたのではないかと考えるのが自然である。しかし、実際にはそうなっていない。

明治の初期までに、information が英和辞典でどのように訳されているかについては、慶応義塾大学の白石克の調べがあるが、その中に「情報」という語は見当たらない（『Library and Information Science』No. 14、一九七五年）。英語辞書で最初に「情報」という語が現れるのは、英国公使館附武官だったチャーチル（A. G. Churchill）が著述し、一九〇二（明治三五）年に丸善が発行した『A Dictionary of Military Terms and Expression』である。この辞書の英和の部では、

Information, Information; intelligence. Chōhō. 諜報
Intelligence, Intelligence; ability. Reiri. 怜《れい》悧《り》
　Intelligence; information. Jōhō. 情報
State, A state, or report accounting for every man of a unit. Jōhō. 情報

また和英の部では、

Chōhō 諜報 Information; Intelligence
Jōhō 情報 A state, or tabulated report accounting for every man of a unit.

という記述がなされている。
ここで意外なのは、英和で information に「諜報」、intelligence に「情報」が対応していることと、和英で「情報」に information と intelligence の、いずれもが対応していないことである。英和と和英の記述は整合しているとはいいがたいので、チャーチルが「情報」と「諜報」をとり違えたのではないかという仮説は立てずらい。

英語辞書の「情報」と「諜報」

チャーチルの辞書の序文に、次の謝辞がある。

予ハ茲《ここ》ニ藤山治一氏ニ対シテ本書原稿ノ全部ヲ検閲校正セラレ且ツ其ノ著書「独和兵語辞書」ヲ貸与セラレタル厚意ヲ謝セントス

この文から、陸軍大学校のドイツ語の教授だった藤山治一が原稿の全部を校閲校正していたことがわかる。藤山はチャーチルの辞書が出版される三年前に『独和兵語辞書』を出版しており、この辞書で、Nachrict に「情報」、Kundscaft に「諜報」を対応づけていたことは既に述べたとおりである。ところで、手元にある一九二九（昭和四）年改定の英独辞書『Langenscheit's Pocket-Dictionary of the English and German Languages』を見ると

Information *f* information.
Intelligenz *f* intelligence;
Kundscaft *f* custom, customers *pl.*; (Erkundung) intelligence
Nachricht *f* news; (Bericht) report, account; (kurzer Bericht) notice;
(Auskunst) information

と記述されている。Intelligenz は兵語で使われていないので、これを除いて双方のドイツ語辞書をつき合わせると、『独和兵語辞書』の「諜報」は英語の intelligence に対応することになり、チャーチルの記述と食い違うことになる。もし藤山が検閲した際に見逃していないとすれば、これらの問題点や矛盾はうまく説明することができない。

さらに困ったことには、その後に出版された英語の兵語辞書や一般辞書で、かなり長期間チャーチルの表記が踏襲《とうしゅう》され、ほとんどの辞書がチャーチルの辞書とほぼ同じ「情報」の扱いをしている。すなわち、英和辞書では information に「諜報」、intelligence に「情報」が充当されていて、英語の information に「情報」は密接に対応していない。この対応関係が逆転するのは第一次世界大戦以降になる。

むしろこの時期で例外ともいうべき記述は、一九一一（明治四四）年に出版された堀内長雄《ながお》の『英和海軍術語辞彙』〔博文館〕であろう。この辞書では、次のように information に「情報」、intelligence に「牒報」が充てられている。

Information　情報、報知。
Inteligence office, Naval　牒報局（英海）。
Intelligence officer　牒報主任。

和英辞典

一方、「情報」がどのような英語に翻訳されていたかを和英辞典で見てみると、チャーチルの辞書以外では、次のような記載になっている。

一九〇五年、元田作之進『和英英和兵語辞典』（英学新報社）
　a state, or tabulated report acounting for every man of a unit
一九〇七年、カルトロップ（Calthrop）『英和和英兵語辞典』（丸善）
　intelligence
一九〇七年、山口造酒《みき》、入江祝衛《いわえ》編『註解和英新辞典』（寶文堂）
　a report

一九〇九年、井上十吉《じゆうきち》編『新訳和英辞典』（三省堂）
a report; an advice
一九〇九年、佐久間信恭《のぶやす》、広瀬雄《たけし》編『和英大辞林』（郁文舎）
an advice; a state or tabulated report accounting for every man of a unit

これらの記載を見ると、「報道」という意味合いは薄く、「情報」はおおむね「ようす」ないしは「報告」の意味にとられていたことがわかる。この解釈は、酒井清が『仏国歩兵陣中要務実地演習軌典抄』で示した renseignement の意訳にかなり近いものである。

英字新聞の intelligence

ここで、明治期に英字新聞で intelligence がどのように扱われていたのかを見てみることにしよう。

野波侑里《ゆり》（英文学）は英国の代表的な日刊紙である『The Times』の見出しの変化について調べている〔大手前女子短期大学・大手前栄養文化学院「研究集録」二〇〇〇年一九号〕が、それによると、一九世紀における頻度の多い見出しは「Foreign Intelligence」と「Parliamentary Intelligence」、それに「Latest Intelligence」である。ここで news でも、はたまた information でもなく intelligence が使われていることに注目してほしい。

これを見ると、intelligence は彙報とか、雑報という意味合いが強い。これらの用例からも想定できるように、当時の『The Times』の見出しは非常に簡単な名詞句構造で、内容は記事の縮約ではなく、記事の種類を列記しており、見出しから記事の内容を読み取ることはできない。

この表現形式は、日本で刊行されていた英字新聞『ジャパン・タイムス』でも同様で、日清・日露戦争時の紙面では、外国から電報で入ってくるニュースを毎日速報の形でまとめて掲載している欄の見出しは「Latest Intelligence」であり、時々中国や朝鮮での出来事を知らせている欄の見出しも「Chinese Intelligence」とか「Korea Intelligence」になっていて、見出しに news や information を見かけることはない。また記事の文中でも「Intelligence from Ladysmith dated the 22nd inst. is to the effect that ...」といったように、雑報やニュース（新聞）、新報といった意味合いの用例が多い。

さかのぼって、江戸時代末期の長崎や横浜で出版された英字新聞を見てみても同様で、例えば、外国船舶の入港や出航のスケジュールをまとめて知らせる記事の見出しは「Shipping Intelligence」になっている。

一九〇二（明治三五）年に神田乃武《ないぶ》が編纂した『新訳英和辞典』〔三省堂〕を見ると、

Intelligence, ***n.*** ①知、知解; ②叡智《えいち》、聡彗《そうけい》; ③通信、報知;

という説明がなされているが、この中で当時の英字新聞の intelligence に該当するのは③であり、これが英語辞典に用いられた「情報」の意味だと解釈することもできる。

ただし、現在では、ニュースの意味で intelligence が使われることはほとんどなく、二〇〇〇年発行の『The Times English Dictionary』で intelligence の項を見ると、第三義として、

Old-fashioned. news; information.

と明記されており、古い表現に分類されている。

3　大正期の情報政策

宣伝戦

一九一四（大正三）年に勃発した第一次世界大戦は、兵器の進化だけに止まらず、いろいろな面でそれまでの戦争と様相を異《こと》にした。

例えば、陸軍の中軸を構成していた歩、騎、砲の三兵種の中で、敵情の偵察を主たる任務としていた騎兵の役割が飛行機に取って代わられた。航空写真が入手でき、無線電信による連絡が確

実になったことで、昼夜の別なく、直接目視することのできない目標に対する統一的な射撃が可能になり、砲兵情報機関が発達した。

また、予想以上に長期化したこともあって、武力闘争だけではなく、経済戦、宣伝戦を含めた物量戦、総力戦の様相を強く呈し、このため、ドイツやフランスでは国民全体が戦争に巻き込まれた。宣伝の価値が決定的に認められた、最初の戦争といってもよい。ただし、ここでいう宣伝は、プロパガンダ（propaganda）を意味する。ドイツは、連合軍の一兵も国境内に入れることなく戦って、戦闘に敗れることはほとんどなかったにもかかわらず、戦争に敗北したのである。

大戦中、主要各国は情報省や宣伝省を設け、それと同時に、自国を代表する通信社を動員して強力な宣伝戦を展開した。特にイギリスは、世界中に張り巡らせた自国系の有線通信網を総動員し、一方ではドイツの海底電線網を封鎖するとともに、他方では自国に有利な報道を全世界に弘布し、世界の輿《よ》論形成に努めた。交戦国のプロパガンダは激烈で、イギリス、フランス側だけではなく、ドイツ側も競《きそ》ってアメリカを味方に引き入れようとして、盛んに宣伝を行った。大戦後に、ドイツの廃帝カイゼル（皇帝ウイルヘルム二世）は、「ドイツは戦争には負けない、しかし連合国側の、特にイギリスの宣伝には負けた」と長嘆息したという〔笠間杲雄《あきお》『青刷飛脚』、一九四一年、六興商会出版部〕。

この大戦で、各国は報道が国民大衆に及ぼす影響力の大きさを痛感した。宣伝戦の原動力は報道であり、国内の輿論も、国際間の批判も、結局は日ごとの報道によって大きく左右された。宣伝と報道とはまったく別物だと自認していたジャーナリストたちが、戦争に協力するためには、実は宣伝でもある報道が最も適切であるということに気付くまでに、さほどの時間を要しなかった。検閲が政府や軍のマス・メディアに対する消極的な統制だとすれば、情報宣伝は積極的な統制と見なすことができる。その結果、情報の流れを、一方では止めながら、他方ではそれを効果的に利用する両面政策がとられるようになった。

このため、政府、外交機関、軍部は、それぞれがすべて報道を基礎にして政策を考え、外交を展開し、作戦を立てざるを得なくなった。まさに、情報の価値と公開性が、強く認識されたといってもよい。通信社の必要性が生じ、その強弱が、国家の消長に大きな影響を及ぼすことが明らかになった。

こうした情報宣伝は、大戦後の平時においてもその効力を遺憾なく発揮し、世界は常時、国際的な宣伝戦と思想戦に意を用いざるを得なくなった。このため、それまでの政治や外交、軍事などの情報活動では、主として「情報の収集」に重きが置かれていたが、それに加えて、「情報の発信」である宣伝や教化活動にも力を注ぐようになった。まさに、金と鉄と紙で代表されるように、財力と武力に加えて、宣伝力が国防の三大要素となり、宣伝は形のない武器として、国家の運命を左右する重要な機能を持つに至った。国家意識の涵養《かんよう》と国内撹乱の防衛、および対外的な自己主張のための宣伝工作が不可欠となったのである。

情報と政策

政府が国家の生存権を維持しながら責任ある行動を果たすためには、あらかじめ、外交、内政、経済、軍事などの各部門で統一した、確固たる国策を樹立し、その実現のために鋭意努力しなければならない。その国策が外界の情況の変化に十分対応でき、また、妥当な実行力を持つためには、国策立案の基本的な素材となる正確な知識が必要であり、それには、情報の収集と、その分析が極めて重要な役割を果たす。ここで、収集すべき情報は軍事ばかりでなく、経済や産業、資源、教育、歴史、宗教、思想など、あらゆる分野に及ぶ。

しかし、求める情報が相手国の利害に関連するものであれば、それは機密に属する内容を含むことになるため、公然と、ないしは容易に入手できるわけではない。このため、情報収集の段階で他国との間に抗争が起こる。これが情報戦である。したがって、国家として情報収集を行い、さらに収集した資料の真偽や、利用価値の軽重の吟味や認識を行うためには、特別な組織と方法が必要になってくる。しかも情報戦は戦が起こる前からすでに始まっているのである。

また、国策の遂行には輿《よ》論の支持が不可欠である。ここで輿論というのは、普通政治的に使われている用語で、多数の人々が共有する社会意識を意味するが、これが極めてくせ者である。というのは、輿論はもともと人々が形成するはずのものが、しばしば宣伝などによって人為的に作成され、輿論が人を動かすようになるからである。したがって、もしも政府が宣伝によって輿論を形成しようとすれば、具体的な内容と施政方針に対して、国民の十分な理解が得られるように工夫を凝らす必要がある。

情報を操作して、他の人を自分の思うままに操《あやつ》ろうとするのは人間の本能であり、悪知恵であるとも言われている。歴史的にみて、政治権力が宣伝によって情報操作した例は、挙げればきりがない。宣伝は事実の真相を隠し、虚偽を真実化する術《すで》でもあるから、宣伝の内容は大なり小なり、意識された虚偽の事実で充たされていることになる。しかし、千言万《ばん》語の宣伝も、それが虚偽であるということが明白になった時には逆効果をもたらし、かつ、永続性を保つことができない。それ故、宣伝内容とその送り手の信頼性向上が、宣伝対象者の説得効果を高める鍵となる。信頼こそが情報と報道の命綱である。

ヌーマン（J. Neuman）は『情報革命という神話』〔北山節郎訳、一九九八年、柏書房〕の中で、「第一次世界大戦において戦場における勝者となった諸国は、同時に、世論の支持を最後までもたせるため映画とニュース映画を最も効果的に使った国々だ」と指摘している。

情報の独占と非公開

「由《よ》らしむべし、知らしむべからず」というのが封建時代の政治の治め方で、歴史的に見ると、永いこと、少数の権力者が情報を占有してきた。これは、情報の取得者が自分たちだけで占有し、それを独占的に使用すれば最大の効果を発揮することができると信じられてきたからで、この性質は情報の機密性と呼ばれている。情報は力であり、情報が多いほど力は強くなると信じられているが、しかし、力を持っているのは情報そのものではない。どれだけの力になるかは、その使い方にかかっており、情報は力の増幅剤といってもよい。

たとえ情報の公開は国家と国民の双方にとって有益だとしても、公開の範囲には限度がある。正確な情報はしばしば敵を利することになるため、情報によっては秘匿する必要性のあるものがあるからである。ところが、情報の操作は、しばしば機密という名目で自らの失敗や不正を隠す手段としても用いられ、情報が公開されない場合が少なくない。このため、いくら公開しても、ひとたび不信を抱かれてしまえば、まだ何か隠しているのではないかと疑念の目で見られてしまうことになる。

しかし、情報の公開に積極的な政治家もいた。アメリカの著名な社会学者であったタモツ・シブタニは『流言と社会』〔広井脩他訳、一九八五年、東京創元社〕の中で、次のように書いている。

ウィンストン・チャーチル卿とチェ・ゲヴァラはイデオロギー的背景を大きく異にしているが、ともにひたむきな政治家でありやっかいな情報でも正直に公開することを好んでいた。信頼できないという評判を受けることは、ながい目で見れば二、三の不都合な情報を公表することよりずっとダメージが大きいからである。どのみち露見するに違いない不快な情報を率直に公表すれば、その情報源は巧妙なプロパガンダが得るよりもずっと大きな信頼を獲得できると、彼等は主張する。（中略）すなわち肝腎なのは、人々を不都合な信条からいかに遠ざけるかということではなく、困惑している人々に信頼出来る情報をいかに提供するかということなのである。

外務省情報部

第一次世界大戦当時、プロパガンダということばにまったくなじみのなかった日本は、宣伝戦に大きく後れをとった。日本の新聞や雑誌にプロパガンダという語が現れるのは、一九一七（大正六）年以降である。世界大戦に参戦し、戦勝国側に名を連ねたが、外交交渉が二国間の秘密交渉から多国間の公開会議へ移行した世界の流れにのらず、かたくなに秘密外交を主体に活動したため、戦中、戦後の外交面で、日本は完敗したに等しく、その後も、英米や中国に押されっぱなしになっているという印象を国内外に与えた。特に、中国の抗日宣伝はし烈で、しかも、日本よりもはるかに科学的、統一的に行われたため、日本は受け身一方であった。

そのような事態を招いた要因はいろいろあろうが、外務省が一定の方針を立てて外交の進捗を図る一方で、軍人が全然別個の態度や行動をとり、元老たちを動かしたり、国内に一種のプロパガンダを行うなど、双方の対立が起きていて、いたるところに悪い影響を及ぼしていた。さらに、日本を代表する通信社が欠如していた。このため、対内的に日本の国家意志を反映するニュースを流さずに、あたかもロイター通信の代理店として振る舞う、国際通信社の改組が重要課題となった。

内閣に情報機関を設けるべきだ、という意見もあったが、時の総理大臣原敬《たかし》は、各省の縄張り意識を克服して各省を統轄するような機関を設けることは面倒だと判断し、外務省に情報部を設置することにした〔『通信社史』一九五八年、通信社史刊行会〕。官制による設置は一九二一（大正一〇）八月であるが、実際に事務を開始したのはその前年の三月である。秘密主義、沈黙主義と悪評される外交政策をとってきた政府が、公表宣伝機関と見なされる情報部を外務省に設けたことは、驚きの目でみられた。外務省の分課規定を見ると、「情報部ニ於テハ情報ニ関スル事務ヲ掌《つかさど》ル」という文言の繰り返しで、これから実際の業務内容を把握することは難しい。

一九二五（同一四）年四月に幣原《しではら》喜重郎外務大臣が行った進講の原稿を見ると、外務省に設置された情報局の狙いは、外国の新聞や通信に対して日本の諸事情を報道したり、無線通信による海外放送を行う公報活動や、世界各地の情報を集めて国民に知らせる啓発活動にあったように見受けられる〔『外務省の百年』一九七九年再版、原書房〕。

国会における一九二一年度の予算審議を見ると、産業奨励と貿易維持拡張のため、海外の重要地に商務官を配置するとともに、貿易情報部を設けて内地産業の調査に従事させ、水産講習所の拡張、その他水産業に関する指導奨励、および農事試験事業の拡張をはかる計画が論議されている。その中で、外務省には商務官を置き、農商務省には貿易情報課を設けるのは仕事が重複するという意見や、外務省が非公式に設置した情報部の経費は機密費で賄われたことになっていたが、それだけで遣り繰りができたとは考えにくかったため、他に機密費以外の機密費があるのではないかという疑念が指摘されたり、情報部の行った仕事の内容については、わずかに国際事情といった印刷物を時々有識階級に配布するくらいのことをしているにすぎないのではないか、と酷評されている。

陸軍の機密費は、外務省のそれにくらべて比較にならないほど潤沢で、それを国会の論議で俎《そ》上《じょう》に乗せられないとばっちりが外務省に向けられたと見ることもできる。むしろ、列国に比べて、わが国の外務省が情報収集や調査機関に費やす金額は貧弱で、いろいろな外交問題に充分な材料をもたないまま対処していたというのが実際のところであろう。

外務省以外では、シベリア出兵などで輿《よ》論指導の重要性を痛感していた陸軍省には一九二〇(同九)年一月に陸軍大臣官房に陸軍新聞班が、さらに、海軍省には一九二三(同一二)年五月に軍事普及委員会が設けられ、固有の情報機関として活動を開始した。ただし、陸軍の新聞班は、官制で正式に制定されたものではない。このほか、日本の文化を海外に紹介し、宣伝する目的で、外務省に文化事業部、鉄道省に国際観光局が設けられた。

宣伝下手

しかし、宣伝戦に長《た》けた欧米の手法を研究し、同様の宣伝を展開しようとしても、公開性になじめない日本の宣伝下手という体質は容易に直せるものではなく、世界の宣伝戦の中でどんどんと守勢に廻らざるを得なくなり、事態を悪化させていった。

日本では、宣伝といえば、ほらを吹くとか、自慢をすることのようにとられていることが多い。日本人は昔から宣伝が得意でない、というよりは、宣伝を好まないという風潮が根強く、宣伝の上手な人を「口説《くぜつ》の徒《と》」とか「巧言令色《こうげんれいしょく》」とか称して、蔑《さげす》む風習があった。また、「言挙《ことあ》げせぬ国」という言い方があるように、雄弁家、弁舌家は少なく、むしろ「口べた」「話し下手」である方が奥ゆかしいということで、美徳とされてきたきらいがある。日本には「口は禍《わざわい》の門」という金言が通用していて、「不言実行」ということを最高の道徳としている武士道精神で教えられ、育ってきたために、宣伝が不得手なのは当然である、他の人がどう思おうとも、自分さえ正しければそれでよいのだ、という考え方が支配的であった。デマはもちろんのこと、真実でも、それを言い触らしたりすることを好まない、潔癖で謙虚な性格を持っていると自認していた。

とはいうものの、西欧人と違って、日本人は今でも自慢することをそれほど罪悪だと思っていないふしがあって、西洋史学者の木村尚三郎は、日本経済のバブル期に欧米世界へ出かけて、しきりに日本の自慢をする人が増えたことを取り上げている（『文化の風景』一九九七年、日本経済新聞社）。

評論家の長谷川如是閑《によぜかん》は、一九三七（昭和一二）年九月一七日付け『読売新聞』第二夕刊の「一日一題」で、「個人の場合に「宣伝下手」といふことは、却《かへ》つて正直の一面で、寧《むし》ろ尊敬すべきことだが、併《しか》し、宣伝主義の世界に於ては、それはいはゆる「馬鹿正直」で、過度の自己認識のために、却つて正しい自己を顕《あら》はす機会を失ひ、自らの生存権の上に眠つてゐることになる。日本人が西洋人に比べて宣伝下手なのは、純理的には結構なことだが、宣伝主義の世界では大きな損である」と評している。

個人の場合はともかくとして、国家という立場にたてば、謙虚なことが美徳であるなどとすましているわけにはいかない。日本は元来、宣伝をしない国である。それは歴史と現実とから生まれる当然の結果が、直ちに世界の心に迫る力をもつということを確信しているからである、などと鷹揚《おうよう》に構えていては国家が持たなくなる。国家の真意が相手方に十分理解されないために不利益を被ったり、不測の災難に見舞われることは決して少なくないからである。

戦後では、一九九〇（平成二）年の湾岸戦争で、日本は百三十億ドルも拠出しながら、国際貢献が足りないという、いわれのない批判を世界から浴びたことが記憶に新しい。

プロパガンダ研究者の小西鉄男によれば、戦前のプロパガンダは、一般的に赤化宣伝とか、共産主義の宣伝のように、危険思想を連想させる、好ましからざる印象を与えることばとして受け取られていた。というのは、これらの主義者たちが比較的早くからこの語を用いていたことによる。社会科学や社会思想辞典の説明では、プロパンダは主義思想を普及するものに限られているかのような説明になっていたという〔『プロパガンダ』一九三〇年、平凡社〕。

朝日新聞の誤報判決

一九一五年（大正四年）六月末に、『大阪朝日新聞』はガリシア（Galicia）における露独会戦で日本から派遣されていた従軍武官二名が戦死したと伝えたが、その後、この報道は誤りであることが判明した。このため、『大阪朝日新聞』は「長野橋本両武官戦死の報について」という見出しの記事でこれを取り消すと同時に、この記事が掲載されるに至った事情を説明し、ロシア従軍武官から陸軍の最高首脳部に属していたある将官に、二名の武官が戦死した旨の電報が打たれていたと弁明した。これに対して、陸軍省はそのような事実はないとして、副官から新聞社に正誤請求がなされ、この請求書を新聞に掲載するよう再三求めたが無視されたため、新聞紙法違反で新聞社の発行人兼編集人を起訴した。

一〇月に罰金三十円に処すという判決が出たが、この判決文を見ると、訂正記事に使われていた「秘密情報」という語が二回現れていて、新聞社側が「秘密情報として本誌に記載したると同様の電報到着したるなり」と主張していること、および従軍武官がなした報告は「其《その》秘密情報たると否とを問はず」特に私報であるという明示がない限り私事に関するものではなく、官庁の公務に関する事項であると判断した旨記されている〔『法律新聞』一九一六年一月一五日〕。

ただし、この裁判について『大阪朝日新聞』は一切報道しなかったし、また、『朝日新聞社史』〔一九九一年〕はこの事件に関して一言《ひとこと》も触れていない。

職業紹介法施行規則

四年間にわたった第一次世界大戦はわが国の産業構造を変化させ、農業国から産業国へ移行するのにともなって、労働問題が社会現象として急激に頭をもたげるようになった。世界的な経済恐慌の中、物価の高騰、思想の変遷、貧富の差の拡大などが絡み、その解決に国家の力が必要になって、社会政策の必要性が高唱されるようになった。

国際連盟の自治的な機関となる国際労働機関（ＩＬＯ）の総会である国際労働会議は、一九一九（大正八）年にワシントンで始めて開催され、そこで六箇の決議事項と、六箇の勧告案が採択された。日本では、これらの条約案を審議した結果、それらのすべてを批准することは非常に困難な状態にあると判断し、賛成しない方針を固めた。ただし、失業問題に関する条約案についてはそれを受入れることにし、一九二一（同一〇）年四月に職業紹介法を公布し、七月から職業紹介法施行令を施行した。この施行規則の条文の中に、次に示すように「情報」が使われている。ただし、この規則は省令であって、法律ではない。

第七条　地方長官、市町村長又ハ職業紹介所長ハ随時労務ノ需要供給ニ関スル情報ヲ関係アル他ノ地方長官、市町村長又ハ職業紹介所長ト交換スヘシ

第十条　地方長官、市町村長又ハ職業紹介所長ハ職業紹介所ノ事業ノ連絡統一ニ関シ内務大臣ノ指定シタル者ヨリ労務需要供給ノ節並職業紹介所ノ事業ノ連絡統一ニ関スル情報ヲ求メラレタルトキハ之ニ応シ通報スヘシ

広報誌、情報誌

官公庁が発行した広報誌の名称に「情報」が用いられたのは、台湾総督官房調査課が一九二一（大正一〇）年六月に創刊号を発行した、『内外情報』が最初であろう。この週報は、前年に外事課と調査課が創刊した『外調週報』がその元になっているが、それがほどなく『外事週報』と名を変え、さらに調査課刊行の『統計週報』と併合して『内外情報』に改められた。「情報」という特集を毎号冒頭に据え、国内外の情報を伝えている。

また、外務省情報部は一九二三（同一二）年三月から『支那情報』の出版を始めた。ちょっと変わった広報誌としては、鉄道省運輸局が『貨物月報』の付録として一九二五（同一四）年に創刊号を出した『主要貨物情報』がある。その刊行の趣旨説明によれば、鉄道が扱う主要貨物は一般社会経済と関係するところがはなはだ深いので、季節や月々の変遷を調べ、できる限り敏速な情報によってその移動すう勢を明らかにすることを目的とするとある。

新聞に「情報調査」という語が現れるのは一九二一（同一〇）年頃からで、一九二二（同一一）年六月二八日の『大阪朝日新聞』は設立認可申請中の無審査保険について、それを可とするものは「従来の健康状態其他の情報調査を行」い、かつ保険料を幾分高くし、加入後一定年限に達するまで保険金に関して削減機関を設ければ十分だと主張している旨伝えている。

一九二一（同一〇）年に『皇太子殿下御渡欧記念写真帖』を出版した国際情報社は、翌年の八月から、月刊の画報雑誌『国際写真情報』の編輯、出版を始めた。社名に「情報」が付いた出版社は、国際情報社が最初であろう。「東洋唯一の最高級画報」というのがうたい文句で、一九二七（昭和二）年一一月号の編輯後記に、「『国際写真情報』は我々の「情報」ではありません。愛読者皆様の「情報」です」と記している。この画報が好評を博したため、直後に、大正出版社が類似の『国際画報』を出版した。

英語辞典

第一次世界大戦以降に出版された和英辞書で「情報」を見ると、次のような英訳がついている。

一九二一年、井上十吉『井上和英大辞典』（至誠堂）
　an intelligence; a report; an advice
一九二三年、石川林四郎編『最新コンサイス和英辞典』（三省堂）
　a report; an advice; information; intelligence
一九二四年、竹原常太《つねた》『スタンダード和英大辞典』（寶文館）
　an information; an intelligence; a report; news
一九二八年、斉藤秀三郎『斉藤和英大辞典』（日英社）
　news; intelligence; information; a report; an advice
一九二九年、三省堂編輯所編『新訳和英辞典』（三省堂）

information; intelligence; a report; advices

これらを眺めてみると、依然として明治期出版のチャーチルの英語辞典の解釈を引き継いでいるが、ようやく一九二〇年代になって、「情報」の英訳に information や news が登場するようになった。一方、英和辞書で information に「情報」という訳語が定常的に充当されるようになるのは、一九二一（大正一〇）年に出版された、次の二つの辞書以降のことである。

一九二一年、斉藤秀三郎『熟語本位　英和中辞典』（S.E.G. Publishing Department）
intelligence:（人や動物の）理解（力）、知識（程度）、知慧（の有無）。意志疎通、相互了解。（＝information）報知、情報。

一九二一年、藤岡勝二『大英和辞典』（大倉書店）
information（名）（一）通知、報知、報告、報道、消息、情報．（二）知識、博識．（三）①通知スルコト、報告スルコト、報道スルコト．②形体ヲ与ヘルコト、生命ヲ与ヘルコト．（四）〔法〕①告訴、告発．②公訴．③国有（又ハ王室）財産ニ対スル損害賠償ノ訴状．④過料取戻ノ訴．（五）〔すこっとらんど法〕準備書面．（六）〔哲〕概念作用．（七）〔論〕名辞ガ主辞又ハ実辞トシテ　類語：knowledge, news 参照．

前章で述べたように、英語辞典では最初、informationに「情報」が対応していたが、第一次世界大戦後にその結びつきが逆転し、次第にinformationに「課報」、intelligenceに「情報」が対応するようになった。

関東大震災

一九二三（大正一二）年九月一日午前一一時五八分に、相模湾を震源地とする大地震が起こり、関東地方を中心に大きな被害をもたらした。

『大阪毎日新聞』が一日に発行した号外を見ると、号を重ねるにつれて沼津、横浜、東京と情報の発信地が都心に迫り、五号では「東京二十八箇所に大火災起る／死傷者無数／浅草十二階倒壊」という見出しに換わっている。

信頼できる情報の流通が途絶し、流言飛語によって朝鮮人の大量殺害事件が発生した。はやくも、二日に発行された『大阪朝日新聞』の三日付け夕刊は、「横浜八王子物騒との情報」という見出しで、「【長野よりの情報】二日正午戒厳令発布で東京を追払はれた約二百名の不逞漢《ふてい》いろいろの凶器を携へ八王子に入り込み不穏《ふおん》の形勢あり」、また「横浜地方ではこの機に乗ずる不逞鮮人に対する警戒頗る厳重を極むとの情報が来た」と報じている。このような被災の模様を伝える新聞の速報に「情報」は頻発した。ここで、夕刊の日付けをわざわざ二重に記したのは、当時夕刊の欄外日付けが、現行とは違って翌日になっていたためで、この紛《まぎ》らわしい慣習は一九四三

（昭和一八）年十月まで続いた。

震災時のようすを、随筆家であり文学者でもあった生方《うぶかた》敏郎は、『明治大正見聞史』（一九二六年、春秋社）の中で次のように表現している。

誰かゞ砲兵工廠《こうしょう》が今焼けて居る。と云ふ情報をもたらした。又市ヶ谷田町から神楽坂を経て築土《つくど》まで延焼しつゝある。との情報をもたらした者もあつた。後者が虚報であつた事は翌日になつても尚《なお》私達は知らなかつた。

築土と此処とは何町も離れて居ない。私達は夜の散歩に神楽坂迄も度々《たびたび》行くのだ。そんな近い所の事すらも電話の失くなつた今日は全く解らないのだ。色々の情報が盛んに来た。松方侯が鎌倉で圧死したとも伝へられた。

東京と横浜の新聞社はほぼ全滅し、報道機関が機能しない状況に陥った。東京府では臨時震災救護事務局を設け、情報部が印刷機と動力機械を非常徴発して、二日午後七時に公報となる震災彙報第一号を発行し、政府が一日より施行した戒厳令を伝えた。官報は四日の午後九時付けで謄写版刷りの半紙版号外を発行し、山本内閣の親任式その他の任免辞令の重大な問題から、非常徴発令の実施、警視庁の検問所設置、陸軍救援状況、戒厳令施行令等、国家喫緊《きつきん》の問題のみを登載した〔『大阪朝日新聞』一九二三年九月九日付け夕刊〕。また、関東戒厳司令部情報部は七日から翌月一日まで、計三十一号の「関東司令部情報」を作成、配布したが、八日付けの第五号から、「此情報ヲ受取ラレタ方ハ見易キ所ニ貼《はっ》テ下サイ」という但し書を付けている。

震災後数日を経て、東京の新聞社は発行機能を回復し始めたが、被害の大きかった横浜の報道機関はほとんど機能しなかった。このため、臨時震災救護事務局は、一一日より「震災彙報神奈川版」を発行し、横浜地方に配布した。

ラジオ放送の開始

第一次世界大戦ではイギリスの海底線政策によって有線の通信網が干渉され、国際間の接触が拘束されるという事態を招いた。しかし、その後の無線通信技術の発達によってこのような束縛から解放され、通信の自主独立が可能になった。特に、ラジオが発達したことによって、人々は居ながらにして世界で起こるさまざまな事件を即座に知ることができるようになった。

大戦後、日本でもラジオ放送の準備が進められていたが、関東大震災によってその実現が促進された。東京放送局がラジオの試験放送を始めたのは大震災から二年後の一九二五（大正一四）年三月一日であるが、二二日に開所式が行われ、仮放送になったため、この日が放送記念日になっている。聴取料は月額一円で、最初の聴取者数は五千四百五十五人だったという。

開所式の祝辞で、後藤新平総裁が「無線放送に対する予が抱負」を述べ、この中で、放送事業の役割りを文化の機会均等、家庭生活の革新、教育の社会化、経済機能の敏活という四方面から考察している。しかし、ニュースはわれわれに任せて、放送は他のことをやればよいという意向をもつ、新聞社から送り込まれた理事に遠慮したようで、ニュースの速報性については何も触れずに、報道の機能については経済機能の敏活のところで、「海外経済事情は勿論、株式、生糸、米穀、其他の重要商品取引市況が最大速力に於て関係者に報道せらるる事に依って、一般取引の状態が益々活発に運動する事は申す迄もありません。従来の有線電信電話時代の経済機能に対し、ラジオは正に一大革新を与うるものであります」と述べるに止まっている。『東京朝日新聞』は「後藤さんがそり身の大演説／「女の為のラジオ」」という見出しで開所式の模様を伝えた。

本放送になったのは七月一二日からで、この日後藤総裁は、「三万七千のラジオ聴衆者諸君！」で始まる二十分あまりの大演説を行った。

日本放送協会の創立

東京放送局につづいて、大阪放送局は六月一日、名古屋放送局は七月一五日から仮放送を開始した。これらの三放送局は、もともと社団法人であったが、すぐに統一され、翌年八月に、改めて社団法人日本放送協会が設立された。政府は、すでに速報性、同時性、広汎性という特性をもつ、新しい宣伝媒体の影響力の大きさに気付いており、放送事業の経営は始めから公益法人組織で、逓信省が管理、監督する形態がとられ、営利事業を放送に一切介入させない方策がとられた。ただし、ニュースを自主的に取材するようになったのは戦後になってからのことで、それまでニュース放送は各地の新聞社、通信社が輪番で提供するものを読むだけだったため、地域的にも、時間的にも統一性がなく、その意味では自由主義的なものといえないこともないが、放送の社会性に対する事前検閲は行われていた。

このように、日本では放送は国家事業として、国家の認可のもとに、公益のために放送を行うという趣旨で出発した。このため、外国のように、私的な性質を帯びた放送、営利性をもつ広告、個人の政治的主張、私人を誹謗《ひぼう》する放送はいずれも許可されなかった。このことは、当時の出版、言論界の情況からみて、極めて異例の措置といえる。

積極的に国民に呼びかけ、国民の総力を国家目的に集結させるような放送を許さなかったというのは、ちょっと意外な感じがしないでもない。しかし、後に内閣情報局の放送課長を務めた宮本吉夫によれば、当時の立憲政治では、一部の利益を代表する政党が中心となって政権を交互に得ながら政治を行ってきたため、政治や外交、経済に関する放送をするということは、全体の利益でなく、部分の利益を代表することになる弊害が多分に存在していたからだという(『放送と国防国家』一九四二年、日本放送協会)。当時の、二大政党の腐敗や政争が、国民の支持を失っていた結果ともいえよう。このため、一九三一(昭和六)年の満州事変まで、放送は放送娯楽としての慰安、ニュースや経済市況、天気予報などの報道、教養や修養などの教化、教育に重点が置かれ、政治、外交、経済、軍事に関する放送はほとんど行われなかった。これには、ニュースを提供していた新聞社が、この種の情報を放送局へ提供することを渋ったことも大きく影響している。

第5章 「情報」の暗黒期

1 情報委員会から内閣情報部へ

情報綱領

第一次世界大戦は日本の軍人にとっても想像を超えた戦いであり、多くの戦訓を学び取った。また、その後の国際情勢のすう勢は軍事様相を一変させた。しかし、軍備縮小と近代化の流れの中で、新しい戦時編成の整備を進めようとしても、「持たざる国」日本の軍需生産能力や国富自体は、西欧諸国と比較にならないほど貧弱であった。特に、陸軍の装備の多くは旧式のまま残され、改善の施策を講じても、簡単には実現しそうになかった。このため、陸軍内部の戦闘の心構えに影響が生じた。

大戦後、戦闘の制式や法則、原則は相次いで改正されたが、その中で、精神に勝れ装備に劣る日本軍が、装備に優れ素質に劣る敵軍に対抗するために考えられた教義の一つが「必勝の信念」である。しかし、その根源となったのは、比類なき歴史と伝統という、実体のない非科学的な精神論であり、この狂気じみた思想には恐れ入るしかしかたがない。

一九二八（昭和三）年三月に、参謀本部の第一部で「統帥《とうすい》綱領」が改訂された。これは主として高級指揮官に対して、方面軍および軍統帥に関する綱領を示したものであるが、軍事機密扱いになっていて、閲覧できる人は限られていた。このような閉鎖性は軍事研究や軍事評論を否定するもので、この分野におけるこれ以降の進歩や発展は望むべきもなかった。同様に、参謀本部の第二部でも「情報綱領」が作成されたという。しかし、赤表紙だったという「情報綱領」は現存していないようで、その内容ははっきりしていない（上法快男編『現代の防衛の政略』一九七三年、芙蓉書房）。

満州事変の勃発

昭和に入ると、日本を取り巻く国際関係の緊張が高まり、対外宣伝の必要性がより強く認識されるようになった。ところが、依然としてわが国は、対外、対内ニュースがともに英米通信社に完全に牛耳られていた上に、ＵＰと提携している「電通」（日本電報通信社）と、ＡＰやロイターなどと提携している「連合」（新聞連合社）とが対立したまま過当競争を繰り広げていた。このため、国内には外国通信社の外電が報道され、国外には二つの声が流れるという、情報宣伝政策上、極めて不都合な情況が続いていた。「電通」と「連合」は、いずれも経済基盤が弱く、国内でそれほど権威があったわけでもなく、また両社の実力に差があったが、それでも容易に合併できる状況にはならなかった。

一九三一（昭和六）年九月一八日夜に、柳条溝《りゅうじょうこう》で起きた鉄路爆破事件が発端となって満州事変が勃発したが、折悪《あ》しく「連合」の第一報は検閲に引っかかって、朝刊の報道は「電通」の一人勝ちとなった。JOAKは、この「連合」の報道を逓信省がすぐには許可しなかったため、翌一九日の、朝のラジオ体操の時間に臨時ニュースで流したが、これが臨時ニュースの第一号となった（『日本放送史』一九六五年、日本放送協会）。この月だけで満州事変の臨時ニュースは十七回流されたという（『20世紀放送史　上』二〇〇一年、日本放送協会）。

日本は世界の批判を浴びたが、そのさい、陸軍省と外務省の対応がばらばらで、そのため、陸軍の行動を支持する「電通」と、外務省と関係の深い「連合」の報道に、しばしば食い違いが生じた。さらに、一九三二（同七）年一月に錦洲爆撃が問題になった時には、「電通」は日本軍は必要あらば爆撃を辞せずと報道する一方で、「連合」は爆撃せずとの予想を打電したが、結局爆撃は行われた。このように、日本を代表する二つの通信社による正反対な報道は、国内を困惑させたばかりでなく、外交的に不利益をもたらした。また、一九三三（同八）年に日本が国際連盟を脱退したさいにも、「電通」は脱退必死と報じ、「連合」は脱退せずと伝えて列国を惑わせること甚だしく、結局は陸軍の意向を代弁する「電通」の報道通りになることが明白になるにつれて、日本に対する世界の不信度はますます強くなった（御手洗《みたらい》辰雄『新聞太平記』一九五二年、鱒書房）。

最初の国家情報機関

このような、国際的に孤立した「非常時日本」の局面を打開するためには、内閣でも行政各部が連絡を密にし、互いに情報を交換し合うとともに、情報宣伝事務の統一を保持しながら国策の樹立と遂行を図るべきだという意見が強まり、内閣総理大臣の監理の下にそれらの職責を果たす、常置的な機関の設置が検討された。しかし、緊急の事態に間に合わないため、さしあたり官制によらない委員会で活動を開始することになり、一九三二(昭和七)年九月に陸・海・外務の三省で「情報委員会」を設け、毎週定期的に会合することで関係者の意見が一致した。これが国家として最初に設けられた情報機関で、外務省内に設置された。その活動方針は次のように規定されている。

時局宣伝ヲ統一強化スル為一委員会ヲ設置シ宣伝ノ方針方法手段ノ審議研究ニ任ズ　尚本委員会ニ於テ非常時又ハ戦時ニ於ケル情報宣伝機関統一ニ関スル事項ヲ研究準備ス

この委員会は非公式なもので、法的な権限はなかった。しかし、一一月には「電通」と「連合」の両通信社を合併し、国の援助と特権を与えて国家の代表通信社とする方針をまとめ、両社と下交渉に入った。紆余《うよ》曲折の末、方針通り社団法人同盟通信社が設立され、「同盟」は一九三五(同一〇)年一一月に業務を開始した。念願の国策通信社がようやくここに誕生したことになる。「電通」はニュース通信部門を同盟通信社に譲渡し、広告代理店として再出発したが、「同盟」は次第に報道から情報宣伝機関へと体質を変化させていく。

情報宣伝手段

一九三四（昭和九）年三月二一日の夕刻に発生した大火で、函館市内のほとんどが焼失した。市内の新聞社は全滅し、函館放送局は焼失を免れたものの、三日間電波を発信することができなかった。二二日発行の二三日付け『東京朝日新聞』夕刊に内務省の公報が掲載されているが、その見出しに「聖上《せいじょう》御軫念《しんねん》／けさ情報を奏上」とある。この「聖上御軫念」という見出しは、一九四〇（同一五）年一月一六日の『大阪毎日新聞』朝刊の静岡大火報道にもあって、ここでは、入江、岡部両侍従が「関係各方面の情報を受けて奉答した由である」と伝えている。

「情報網」という語が現れるのは第一次世界大戦後のようであるが、一九四〇（同一五）三月一四日の『国民新聞』は、分裂の危機にある社大党で、党内随一の策士であるある人物が軍部や政界の上層部にも出入りして党の針路を決めるさいに重要な資料を提供しており、「そうした情報網に比較的縁遠い同党にとってなくてはならぬ存在であるが、同時に時局の曲芸師めいた行動が、党内の自重派に、快《こころよ》い筈がない」と伝えている。

当時の情報宣伝手段で、速報性に優れていたのはラジオのはずであったが、実際には、放送局が流すニュースは通信社と新聞社に依存していたため、新聞のお古《ふる》とみなされ、その特性はほとんど生かされなかった。ただ、その片鱗は、前述の満州事変のニュースや、電通から購入した太平洋横断無着陸飛行や英国の金本位制廃止などの海外ニュースを臨時ニュースとして速報し、新聞を出し抜いた事例から垣間《かいま》見ることができる。こうした事情もあって、情報宣伝手段としてはラジオよりも新聞の方がはるかに普遍性が高く、国家的な見地からすると、その影響力は極めて大きいものがあった。

しかし、一九三六（同一一）年の二・二六事件で、その様相は一変した。皇道派青年将校に率いられた陸軍部隊が東京の永田町一角を占拠した叛乱で帝都は大混乱に陥り、一切の通信機関は停止してしまう。東京の電話は全部止められたため、東京の状態は、放送でなければわからないという事態が発生した。四日目に、有名な「兵に告ぐ」というラジオ放送で反乱軍は帰順したが、新聞記者に知らされないまま、戒厳司令部の発表した重大ニュースの放送が次々と流され、ラジオは報道放送として圧倒的な効果を発揮した。当時、東京日日新聞記者だった石橋恒喜は、速報性において新聞敗れたり、ということを痛感する。この事件の首謀者だった村中孝次大尉は反省手記の中で、放送局を占領しなかったことが決定的な間違いだったと書いているという（『放送夜話』一九六八年、日本放送出版協会）。

新聞とラジオ以外の情報宣伝手段としては冊子、講演があり、それに、映画やレコードが新たに注目をあびるようになっていた。日本放送協会が短波による「海外放送」を始めたのは、一九三五（同一〇）年である。

情報委員会の設置

改めて、官制により最初に設置された正式な国家情報機関は内閣に直属する情報委員会で、二・二六事件直後の一九三六（昭和一一）年六月の勅令で制定された。この機構を立案し、委員会の幹事長に就任したのは内務官僚の横溝光暉《みつてる》である。委員会の官制第一条に、

情報委員会ハ内閣総理大臣ノ管理ニ属シ各庁情報ニ関スル重要事務ノ連絡調整ヲ掌《つかさど》ル

と規定されているように、この委員会の主たる目的は各省の情報宣伝を連絡調整することであったが、後に内閣情報部文芸課長を務めた井上司朗（筆名逗子八郎）によれば、横溝の本当の狙いは陸海軍、特に陸軍の独走を阻止することにあり、それが実際に有効に機能したという（『証言・戦時文壇史』一九八四年、人間の科学社）。

一般に、委員会は「何々大臣ノ監督ニ属シ」と規定されるのが慣例であったが、この委員会は通常の部局と同じ扱いになっていて、内閣総理大臣の「監督」ではなく、「管理に属し」と規定されているところが極めて異例である。委員会という名称通り、組織の中心は委員であったが、委員以外に常時事務を掌る事務局に相当する職員の一団が置かれており、実質的には一つの部局を形成していた。

この官制制定に当たり、閣議では、あらかじめ次の了解事項が決められていた。

一　情報委員会官制第一条ニ所謂「情報」ノ中ニハ「啓発宣伝」ヲ含ムモノトス
一　情報委員会官制第一条ニ所謂「連絡調整ヲ掌ル」トハ「連絡ヲ緊密ニシ統一ヲ保持ス」ルノ義ナリトス
一　情報委員会ハ各省官制ヲ何等変更スルモノニアラズ
一　情報委員会ハ直接情報ヲ蒐集シ或ハ外部ニ情報ヲ発表スルコトナシ　殊ニ外国公館或ハ外国新聞通信社関係者ト接触スルコトナシ

情報委員会の職務

情報委員会が所轄した事務は、次の三項目である。

一、国策遂行ノ基礎タル情報ニ関スル連絡調整
一、内外報道ニ関スル連絡調整
一、啓発宣伝ニ関スル連絡調整

閣議決定された「情報委員会ノ職務」を見ると、「国策遂行ノ基礎タル情報ニ関スル連絡調整」について次のような説明が付けられている。

すなわち、外交・内政において、ある事業を国策として遂行する時には、正しい情報の基礎に立脚せざるを得ない。しかも、その事業が各庁に関連する場合には、その入手する情報は自ら一面的判断に陥り易く、あれこれかみ合わないことも起りうるので、速やかに正しい見極めを行い、国策遂行の具体的な妥当性がえられるように役立てる必要がある。このような役割は、各所管庁の得手《えて》とするところではない。したがって、常置的な国家機関では、絶えず各庁が情報に関する連絡調整を行い、それによって統一を保持する必要がある。情報委員会はこの連絡調整と統一を保持する任に当るものであって、日常的に国策に関して各庁が入手した情報に付いて連絡を緊密にし、絶えず総合調整を行い、それによって国策の遂行に遺漏なきようするものである。

また「内外報道ニ関スル連絡調整」の項目には、内務省の出版警察権あるいは逓信省の通信警察権による消極的な公安保持に止まらず、積極的に「ニュース」の弘布に対して国家的批判を加え、国家の利益に役立てることが必要であると述べられているが、後者の、実績に乏しい積極的な職務が統一的に行えるかどうかが課題となった。

なお、社団法人同盟通信社については、同社の設立の趣旨に顧み、情報委員会は関係各庁と協力して同社の国家的見地に基く健全なる発達を図り、その機能を発揮せしむべきものと記されている。

情報処理内規

情報委員会において、情報に関して連絡調整したものを遺憾なく国策の遂行に反映させる目的で、一九三六（昭和一一）年一二月に「情報委員会ニ於ケル情報処理内規」が制定された。この内規は、委員会内における情報の処理方法をまとめたものであるが、表題だけでなく、その文中でも、「情報処理」とか「情報の処理」「処理すべき情報」といった表現が用いられている。

いまでは、「情報を処理する」という言い方はごく普通に使われているが、戦前の用例はごく限られている。一九二一（大正一〇）年に外務省情報部が設置されたが、第一次世界大戦の時にドイツの参謀課長だったニコライ（Walter Nikolai）が回顧した『世界戦争ニ於ケル情報勤務ト新聞ト輿論』を部内で訳した資料にその用例がある。また新聞では、勅令第十条で外務省情報部の部長および次長は「外務大臣ノ命ヲ承ケ部務ヲ掌理ス」と規定されたが、それを八月一四日の『福岡日日新聞』が書き換えて、「外務大臣の命を受け情報を処理する事を得」と報道している。このほか、一九四四（昭和一九）年に陸軍兵器行政本部が生産防衛のため、「空襲ニ関スル情報処理要綱ニ関スル件」という通牒を出しているのが見つかる。

ところで、情報委員会が処理すべき情報として挙げたのは、次の四項、すなわち、

（イ）各庁ガ入手シタル情報

（ロ）各庁提出ノ政策並各庁ノ意見

（ハ）同盟通信社ノ情報

（二）一般新聞情報

である。平時と非常時に分けて、それらの情報処理方法を規定しているが、例えば平時では、入手した情報は事務局で査察し、食い違いのあるものは、関係庁に更に詳細な情報とその出所およびそれに対する判断を求め、情報の正鵠《せいこく》を期する。事務局は査察、総合した情報の中で、必要なものは委員会と幹事会に報告するが、重要なものは総理大臣に報告し、必要であれば閣議に報告する、などと定めている。

「情報」と「宣伝」の解釈

政策面で情報と宣伝が重要視されだしたのは第一次世界大戦以降のことで、「情報宣伝」という複合語が盛んに用いられるようになったのは非公式な情報委員会の設置以後である。情報委員会は「国政一般並ニ各種法令ノ内容等ヲ国民及官公衙《が》ニ周知徹底セシムル」ため、官報の附録として、『週報』を刊行することにした。第一号は一九三六（昭和一一）年一〇月一四日付けの発行である。

ここでいう「情報」や「宣伝」がどのような意味で使われていたかについては、情報委員会自身が『週報』〔一九三七年、第三七号〕の中で、次のように説明している。

国外に於けると、国内に於けるとを問はず、或る事件のニュースが入手された場合之を情報と云ふ。或る意思を発表し、又或る事件や事実の内容を発表するのは報道である。情報は之を発表する側からすれば一つの報道であり、又報道を受ける側からすれば情報である。

宣伝と云ふ言葉は、巷間《こうかん》やゝもすれば或る事を針小棒大に吹聴すること、或は相手方を誤魔《ごま》化《か》すこと等と云ふ一種の誇大又は欺瞞《ぎまん》の観念の意味に取扱はれる傾向がないではなかった。併《しか》し真の宣伝は「或る目的達成の為正しいことをその侭《まま》に、普《あまね》く伝へて一般の理解と共鳴とを求める」ことでなければならない。即ち宣伝は其れ自身公正なる目的を有してゐるのである。此の意味に於て帝国の内外に対し真意、政策の普及を図り、輿論の形成に努めると云ふのが政府の行ふ宣伝の本義である。

また同時期に、新聞学者であった小山《こやま》栄三は、宣伝と情報およびニュースを次のように解説している〔『宣伝技術論』一九三七年、高陽書院〕。

若《も》し我々がニュースを多数の社会人の注意に訴へ、彼等の立場に於ける利害関係を表現する事実の記述を意味するならば或るニュースも亦《また》宣伝である。然《しか》し総《す》べての宣伝はニュースではない。

情報はそれに基づいて一定の行動を開始する戦略的な素材として、又はそれによつて形成される態度から明白な利益を得ようと期待してゐる人によつて秘かに示指されたニュースに限るべきであり、新聞紙及び間諜はかくして有償的な宣伝媒体である。

宣伝、教育、教化、感化、ニュース、情報、広告――は相互に密接な関係のある類語であつて時代により人によつて混用されてゐるが、何れも現実の問題に対する解答として、一定の表現形態を用ひて集団反応に作用を与へる場合には宣伝として総括されるべきものである。

これらを見ると、横溝や小山は「情報」を「ニュース」という意味合いで強く捉えていたことがわかる。

内閣情報部へ改組

一九三七（昭和一二）年に盧溝橋《ろこうきょう》事件がきっかけになって日中戦争が勃発すると、九月に情報委員会は内閣情報部に改組され、所轄事務に「各庁ニ属セザル情報蒐集、報道及啓発宣伝」が加わった。法令に「宣伝」という語が使われたのは、これが最初である。この規定の追加によって、従来は単に連絡調整という職務に限られていたものが、ある段階まで自ら情報を収集し、報道資料を発表したり、あるいは啓発宣伝の仕事をすることができるようになった。また新しく、「情報官」という制度が導入された。

日中戦争を通じて、宣伝戦では明らかに日本は劣勢であつた。一九三八（同一三）年六月一七日の『東京朝日新聞』社説は、内閣に確固たる情報宣伝に関する大方針が樹立されていないし、各省庁の類似機関の間の調整が不充分で、人的構成にも問題があると指摘した上で、内閣情報部の「活動が国の内外に亙り、常に有効適切に情報、宣伝の使命を果しつゝ、あるかどうかに就いては、頗《すこぶ》る疑はしい」と苦言を呈している。

内閣情報部の「各庁に属せざる」啓発宣伝で、特筆すべきは国民精神総動員であろう。これは、日中戦争勃発後、戦争を遂行する必要性から、国民の総力をあげて結束を強化するために行われた運動である。『国体の本義』を発行したり、『愛国行進曲』を普及させるなどして、総動員運動を強力に推進し、国民を長期戦体制に誘導した。

内閣情報部は情報宣伝に関する中央の方針を地方に浸透させるため、各府県に地方情報委員会の設置を奨励した。例えば、大阪府では一九三七（同一二）年に情報委員会を組織し、九月から月二回、パンフレット形式の公報紙『情報』を発行している。この刊行の趣旨には、次のように書かれている。

府の行はうとする政策の内容、国策に順応して府に於て実施する事項を一般府民に伝へて其の正しい理解を求め、其の他各方面よりの情勢等を広く公表して、真に官民一致結束して府勢の進展と、国運の隆昌《りゆうしよう》とに寄与しようとするものである。

最初の警報放送

一九三七（昭和一二）年一一月一一日に中国機が初めて九州を空襲したさいに、小倉放送局は番組を中断して、西部防衛司令部が発表した警戒警報を九州本土に放送した。また、同放送局は、翌年五月三〇日の午後一〇時一四分、突如左記の西部防衛司令部発表を放送した。

西部防衛管内全地区ニ対シ警戒警報発令……只今支部防衛管内全地区ニ対シ警戒警報ガ発セラレマシタ

さらに五二分には、北九州、山口、長崎地区に対して空襲警報が発令された旨の放送を行った。鹿児島の西方海上から、国籍不明の飛行機が九州本土をうかがうように侵入したためである。これらは防空上、放送の威力が発揮された最初の事例となった。

ラジオの報道機能として、迅速で、正確なニュースの伝達が求められる一方で、ニュース放送の宣伝的効果を考慮する必要性が生じてきた。このため、軍部や情報局は国の方針を「ラジオ講演」という形で、直接国民に伝える形態をとった。

なお、ラジオの出演料であるが、当時は謝金と呼ばれ、芸能人には支払われていたが、教養番組ではおおむね無料出演だったようである。社会学者の山本明は当時の出演者の情報提供について、次のように記している（『放送朝日』一九六四年一二月号）。

この時期では、人人は情報を金に代えることをいさぎよしとしなかった。たとえばＮＨＫは、有名人の放送出演に金をつつまなかった。失礼だとおもったのである。それで記念品や果物をとどけて謝礼にかえた。情報を売る習慣もなく、それをすることはいやしい行為だと考えられていたのである。

このような古典的な情報感は、戦後になって払拭《ふっしょく》され、かっては無償の行為だった投書も、「情報を売る」行為としてだれもあやしまなくなってしまう。

経済情報

日中戦争の勃発以後、日本の経済は非常時体制から戦時体制へと移行していったが、経済統制を実現するため、関連法令が次々と公布、実施され、物資の需給調整のため、一九三八（昭和一三）年には「経済警察」という新しい制度が導入された。警察はそれまで、主として消極的な治安維持という公共的な任務を担ってきたが、新たに国家の経済政策の実践を指導し、監査する助長行政という任務を遂行するようになった。

しかし、当初警察官は、それまでもっていた犯罪観念と、内需禁止や使用制限令を犯す犯罪とが異質なものである上に、商品知識に乏しく、長期戦体制ということで厳しい物資統制を実施する根本の理由がなかなか飲み込みにくかったようである〔『大阪毎日新聞』一九三八年七月二九日〕。
経済警察が収集する情報には、経済警察を運用する上で参考資料になるものと、違反の取締や検挙に関係あるものに二分することができる。経済警察研究会が編纂した『経済警察実務教本』〔一九四〇年、松華堂書店〕を見ると、情報を収集する上で、次の三点に留意するよう注意を喚起している。

（一）個別的なものより全般的に
（二）抽象的なものより具体的に
（三）外形的なものより実質的へ

この中で（三）については、次のような解説が施されている。

経済警察に関する情報としての注意報告は、形の上から見た侭《まま》を報告するのでなく、其の実質を捉へなければならないのであつて、物資に付ても亦部民の動向とか意嚮《いこう》要望と言ふ様なものに対しては細心の注意を払つて其の実質を確めることが必要であつて、例へば業者の動向に付いて見れば業者が種々の運動や会合などをしてゐて、表面の理由はこうであるが其の真意は表面の看板と異り他にあるのではないかと言ふ様な点に注意して其の真実性を見極めて之を報告すべきである。

第五列

一九三九（昭和一四）年に欧州大戦が始まった頃から、しきりに「第五列」ということばが使われるようになった。「第五列」は高度に組織された、集団的諜報網を指しており、「国際的諜報者」を意味している。

この名称はヘミングウェイ（E. Hemingway）の唯一の戯曲作品である『第五列（fifth column）』からきており、一九三六（同一一）年に勃発したスペインの内乱で、四縦隊を率いてマドリッドを攻略しようとしたフランコ派のモーラ（Emilio Mola）将軍が、市内に諜略部隊として第五縦隊を配置していると言ったことに由来する。

例えば、森村組（今の森村商事）の専務取締役だった中山武夫は、一九四〇（同一五）年一〇月二九日の『神戸新聞』に「時局と貿易」と題した寄稿の中で、次のように記している。

私達はよく米国人に、日本人は宣伝が下手だといふ事を言はれた。その度に私達は日本人は自家広告をやらぬ人種で、正しいと信じてやつて居る事を弁明する必要はないのだと言つて居たが、実際には言語も、習慣も異なつて居るし、宣伝網も不十分である事が重大な原因となつて居るのだ。（中略）私達は出来るだけの宣伝はやつて来た。だが最近米国政府がドイツの第五列を警戒するようになつてからは、我々としても政治的な宣伝は一切出来なくなり、単に商業的な宣伝にのみ留《とど》まる結果となつてしまつた。今日残る唯一の且つ最も有効な宣伝手段は対人的諒解である。即ち西部諸州の在留日本人を通じて人から人へと我国の立場を諒解して貰ふのが最上の手段ではないかと思はれる。

「情報」を題名にした小説

一般化した「情報」は、小説では軍事小説、探偵小説、プロレタリア小説、そしてそれが造語される以前の時代物にまで拡がり、さらに、文中だけでなく、題名にも用いられるようになった。題名に「情報」がついた戦前の小説として、立野《たての》信之の『情報』〔一九三〇年、改造社〕の中にある短編『情報』、大下宇陀児《うだる》の『情報列車』〔一九四二年、八紘社杉山書店〕、および生田《いくた》花世の『海国女性史』〔一九四三年、立誠社〕の中にある短編『港の情報』を挙げることができる。

プロレタリア作家だった立野信之の『情報』では、社会主義者である夫が警察に検挙され、投獄されると、夫と一緒に運動していた仲間たちが離れ始める。とまどう妻のところへ、ある日一人の青年が訪ねてきて、新しい情報をもたらした。刑務所にいる人に差し入れをしたり、家族の援助活動をする家族会を組織したい。ついては、この県の責任者になってほしいという。そうこうしているうちに、一部の人たちが新しく組織された合法政党へ鞍替えして行く。そこで、身ごもった妻は「時々、そっちの情勢を知らせてくれ」とハガキに書いてよこした夫宛に手紙を書く。

「我々の県は、合法政党の重要な地盤に、堕落しようとしています」。それが夫へ伝えた最初の情報であった。

大下宇陀児は探偵小説作家として知られているが、『情報列車』は普通の短編小説である。夫が突然戦死し、今後の身の振り方を相談するために青森に在る夫の実家を尋ねた若妻が、その帰路、幼児を連れて上野行きの急行に乗る。折しもこの日は、一九四一（昭和一六）年一二月八日で、日本が米英と戦争状態に入った日であった。尻内あたりから列車ボーイが停車駅ごとに情報を集めて、大本営発表と戦況をふれて歩く。このさまと、乗客の感動のようす、戦争未亡人の戦争に対する複雑な感情が描かれている。筆者のあとがきによれば、列車内の情景は実体験に基づいたものだという。

また、女性作家だった生田花世の『港の情報』は、日露戦争が始まる直前の話である。例年の習わしで、ウラジオストックが凍結するため、秋の末から四月ころまで、日本政府の了解の下でロシア（原文ではロシヤ）の東洋艦隊が数隻つれだって長崎港へやってくる。お栄は稲佐で士官宿を経営しており、クロパトキン少将を含めた十数人のロシアの若い将校が泊まっていた。ある日、突然クロパトキンが、命令でウラジオストックへ帰ると言い出す。まだ解氷の時期でもないのと、お栄は不信を抱き、警察へ使者を走らせる。やってきた警部補に、あなたを露探などとカゲで噂する人がいるが、これは立派に日探だとほめられて、お栄の目にうれし涙がこぼれる。

この「稲佐のお栄」のモデルは実在する女傑で、日露戦争のさいに、旅順から護送されてきたロシアのステッセル将軍夫妻らを帰国するまで世話したことで知られる。

詩歌と「情報」

詞文に「情報」を用いた詩人として、今村恒夫や井上水果《すいか》を挙げることができる。今村は『アンチの闘士』〔雑誌『プロレタリア詩』一九三二年〕の中で、村の若者達が戦地へ送られたが、「あゝだが間もなく入つた情報は／戦死！　負傷！」と詠っている。

また、特務機関に属していた井上は、『匪賊と遊ぶ』〔一九四〇年、大都書房〕、『東洋の憂愁』〔一九四〇年、大都書房〕、『大河の詩』〔一九四一年、大都書房〕の中で、その時を回顧した詩を披露しているが、何れの詩集でも「情報」が用いられている。次に示すのは『大河の詩』にある「情報の早廻り」である。

情報の早廻り

三個所も月の下を襲撃したが
みんなも抜けの殻ばかり
　敷き藁にこぼした
阿片《あへん》のかほり

ぼろ棉《わた》だけの布団《ふとん》
拉致《らち》に逢つた子持の女
陽の気のない辺区《へんく》の住民
捕虜の片眠《かたねぶり》
あはてて忘れた鋼板袋《どんぶい》
拳銃弾、不発弾、鉄兜、青龍刀
野鶏《やけい》の写真や収税用箋

情報の早廻りだと宮部君がいふ
ところが三回目に襲撃した家の
あの親爺の間抜けた言ひ草が振つてゐる
——ようこそお越しなされた
あなたがたは昨夜来るといふので
わし等は今まで寝ずに待つてゐたつて
どこまでも吾々を匪賊と間違へてゐるのだ
宮部君どうする
情報は君の方だから僕にはよく解らんが
ともかくここは敵の真つただ中だ

さういつまでもぐず〳〵してゐると
いくら冬の夜更けでも明けてしまふ

2　太平洋戦争と「情報」

情報局の設置

内閣情報部の部長は、引きつづき横溝光暉が担当したが、陸軍省や内務省などの反発が根強く、改組してから三年後の一九四〇（昭和一五）年には、岡山県知事に栄転させる人事をもって横溝が更迭《こうてつ》された。さらに、情報並びに啓発宣伝の統一敏活を期するためと称して、外務省情報部と陸軍省情報部、海軍省軍事普及部、内務省警保局図書課の事務などが統合され、一二月に情報局が設けられた。この機構改革によって、組織の拡大とは裏腹に、内閣との直接路線が失われ、情報局は陸海軍および内外務省の出先機関に変貌してしまう。

井上司朗は『証言・戦後文壇史』（一九八一年、人間の科学社）の中で、「内閣情報部と情報局とは、後者は前者の発展形態ではなく、その間に大きな断層があり、前者は文化的、柔軟且つ明朗な性格、後者は規模は十倍になったが、統制の府で硬直的、且つ暗く、両者は全く異質の官庁である」と記している。

戦時下で、情報局は政府の情報活動や宣伝を行うとともに、新聞・雑誌・書籍などに対する言論や思想面の指導統制と新聞社の整理統合、およびそれに伴う情報・言論組織機関の再編成、記事の検閲などを行った。しかし、実際には、どちらかといえば積極的な宣伝活動の指導というよりは、むしろ消極的な言論の取締に重点がおかれていたように受けとれる。初めの一年くらいは情報局が言論界の主導権を握っていたが、太平洋戦争が始まると、すぐに報道の中心は陸海軍の方へ移ってしまった。しかし、外国の情報に関していえば、軍はほとんど情報を収集することができず、情報局に依存する形になった（宮本吉夫『戦時下の新聞・放送』、一九八四年、エフ・エム東京）。

国防保安法

太平洋戦争中の国民生活を監視し、威圧したのは国防保安法である。もともと国家機密というのは、その性質上、客観的にみて当然秘密であるべき重要な国務に関する事項を指しており、法的には自然秘とも呼ばれ、これに対して法律によって初めて秘密と規定される事項は指定秘と呼ばれている。一九四一（昭和一六）年五月に施行されたこの法律は国家機密に関するもの以外に、次の三つの罪を規定した。

その第一は、外諜またはその手先となって活動する者が情報を探知・収集し、売り込み行為をした場合に適用する第八条の罪、第二は、外諜がいわゆる謀略宣伝を行った場合に適用する第九条の罪、そして第三は、外諜がいわゆる経済謀略を行った場合に適用する第十条の罪である。

ここで、第八条は次のように規定されている。

国防上ノ利益ヲ害スベキ用途ニ供スル目的ヲ以テ又ハ其ノ用途ニ供セラルル虞《おそれ》アルコトヲ知リテ外国ニ通報スル目的ヲ以テ外交、財政、経済其ノ他ニ関スル情報ヲ探知シ又ハ収集シタル者ハ十年以下ノ懲役ニ処ス

官制などでは、すでに俘虜情報局や内閣情報局など、「情報」の付いた名称がいくつか用いられてきた。しかし、法律の文面に「情報」が使われたのは、この国防保安法が最初である。

この法案は、衆議院では国防保安法案委員会で、また貴族院では国防保安法案特別委員会で審議されたが、それらの議事録を見ると、以下に述べるように「情報」と「間諜」の定義や解釈が論争されていて興味深い。

「情報」の定義問答

一九四一（昭和一六）年二月一八日の貴族院特別委員会で、二・二六事件の時に司法大臣だった小原直《おはらなおし》委員が、第八条にある「情報」という語は他の法律ですでに使っているかどうかについて尋ねた。それに対して司法次官の三宅正《まさ》太郎は、別に他の法律では使っていない。要するに

ここでは、普通の意味における「情報」という意味をそのまま使った訳であります、と答えた。

するとと小原は、「情報」ということばは日常使われており、また官制にもあって、大体の概念はわかる。しかし、新しい法律上の語ということになれば、それに意義を付けなければ適用上困ることが沢山出てくる。そこで、「情報」とはどのような意味なのか、法律的に定義を与えるように求めた。

ここで答弁に立った三宅は、「普通情報ということで通ってきたので、別に定義を申し上げるのは……」といってことばに詰まり、「何ならば考えてきて、改めて申し上げます」といってその場をとりつくろった。

翌日、改めて小原が「情報」の定義を尋ねたのに対し、三宅は次のように答えている。

情報ノ定義ハ色々調ベタノデアリマスガ、結局事情ノ報道ト云フヤウナ、極ク普通ノ定義シカ下シ得ナイノデアリマスガ、尚又モウ少シ調ベマシテ、追ツテ御返事ヲ致シタイト存ジマス。

それから三日後の委員会で、三宅次官は次のように「情報」の定義を披露している。

先般ハ小原委員カラ情報ト云フ用語ヲ国防保安法デ使ツテ居ルガ、其ノ法律上ノ定義ヲ示スヤウニト云フ御意見デアリマシタ。ソレニ付キマシテ種々考究致シマシタ結果、其ノ定義ヲ申上ゲタイト存ジマス。私共ノ考ヘマシタ情報ノ定義ト申シマスト、情報トハ事実的性質ヲ有スル事項ノ報道ノ総テヲ謂フト、斯ウ申上ゲタイノデアリマス。

このように、すでに一般化し、ごく普通に使われていた「情報」について改めてその意義を問われると、今日と同様に、説明に苦慮するさまがよく描き出されている。

『国防保安法ノ説明』〔一九四一年、陸軍省印刷〕では、「情報」の意義がこれらの質疑応答とは少し違った視点で、次のようにまとめられている。

問　本条ニ示ス情報ノ意義ヲ説明セラレ度《たい》

答　情報トハアラユル情報ヲ意味シマス　必《かならず》シモ秘匿《ひとく》スベキモノニ限リマセン　公ニ見エル状態ニシテアルモノト雖モ外国ニ対シテハ国防上秘密ニスベキモノ例ヘバ地形ニ関スル情報ノ如キモノモ此ノ情報ノ中ニ入リマス　本条ノ情報内容中心ハ所謂対外秘トデモ云ウベキモノヲ狙ツテ居リマス

問　「情報」ノ意義如何

答　本法ノ法律ニハ未ダ使用シタルモノハアリマセンガ要スルニ此処ニ於キマシテハ普通ノ意味ニ於ケル情報デアリマス

第八条の解釈

この法律の解説書で、法律家たちは、次のように「情報」を定義している。

大竹武《ぶ》七郎『国防保安法』〔一九四一年、羽田書店〕

情報とは客観的事実又は其の通報をいふ。

柏木千秋『国防保安法論』〔一九四四年、日本評論社〕

情報とは或る事実を判断する資料たり得べき事実を謂《い》ふ。

東京帝国大学の大竹武七郎（刑法）は次のように解説している。すなわち、人の意見や推測は「情報」に含まれない。しかし、誰それがこういう意見をもっていますということは、これは客観的事実なので「情報」に含まれる。ある問題に関して、他人の意見を聞いて通報したり、それらをまとめて一つの結論を出し、それを通報する目的で探知・収集を行うことは、客観的事実の報道である。またある問題に関して、新聞、雑誌その他の出版物に掲載されたものをそのまま、またはこれを集めて総合して結論を出し、これを提供する場合も同様である。

情報は必ずしも知得すべき限りのものではない。しかし、情報を多数探知・収集すれば、重要な機密を察知する資料となる。軍事上の秘密や、軍用資源秘密に関する情報については軍機保護法や、軍用資源秘密保護法が適用されるので、第八条で対象になるのはそれ以外の事項に係わる情報であり、必ずしも秘匿すべきものとは限らない。第八条は目的罪であり、探知・収集することが外国を利益するか、あるいは日本の国防上の利益を害することになるかが問題で、比較的軽い十年以下の懲役になっている。

ところで、既述したように、刑法八十五条では「敵国ノ為ニ間諜ヲ為シ」と規定しており、刑法の間諜行為は敵国の場合に限って適用される。しかし、国防保安法の第八条の規定では、敵国だけでなく、敵国以外の外国のために利益を図る行為も間諜に含まれることになるため、一般的にいう探知・収集する人間が全て間諜で、懲役だというように、広く適用される虞《おそれ》が多分にある。この疑義は法案委員会の争点の一つとなったが、結局、条文の修正には到らなかった。

この国防保安法の、施行後の威力は恐るべきものがあった。内閣情報部放送課長だった宮本吉夫は、情報局が「開業したとたんに国防保安法とかいうこわい法律ができて、軍事ばかりでなく、外交も全部厳秘だ。政府の発表したもの以外は何も書いてはいかん。流布したら死刑になるという。それで情報局は仕事がなくなっちゃったんだ。（放送の）指導、監督は情報局で、検閲は昔どおり逓信省なんですよ」と回顧している〔『放送夜話』一九六八年、日本放送出版協会〕。

秘密戦

総力戦には真の目的を隠して行われる、いわゆる謀略的な戦いが含まれており、それらは秘密戦とよばれている。いわば、武器ならざる武器による戦闘手段である。秘密戦では、まず情報を探る目的で諜報が行われる。次に、敵国の政府や国民の気持ちを自国のために有利に展開させるため、図書出版物、ラジオ、映画、演劇、広告などの方法や機会を利用して、宣伝が行われる。そして、直接相手国の戦闘能力を破壊する目的で、放火、爆破、暗殺、ストライキといった手段で、謀略が企てられる。

わが国では、一九三六（昭和一一）年七月に陸軍省兵務局に兵務課が置かれ、その掌《つかさど》る事務の一つとして「軍事警察、軍機ノ保護及防諜ニ関スル事項」が定められた。これが「防諜」という語の最初の用例で、防諜という業務の始まりとなった。一九三八（同一三）年に制定された「航空機製造事業法」に、「防諜」という語が使われ、また同年に、諜報活動の研究教育機関であった中野陸軍学校の前身となる、後方勤務要員養成所が創設された。

防諜というのは、もともと諜報を防ぎ、かつ軍機の漏洩を避けることを目的としたもので、私信の検閲などがこれに当たる。しかし、戦時下では、諜報、宣伝、謀略のすべてを含めた秘密戦に対する防衛が防諜になって、総力戦における銃後国民の国家的な責務と位置づけられた。国防保安法施行直後の一九四一（同一六）年五月一二日から、また翌年は七月一三日から一週間が防諜週間に定められて、防諜実践の強化運動が行われ、防諜に関する標語が市中の到るところで見かけられるようになった。

しかし、実際上、防諜に最も気を配らなければいけないのは枢機《すうき》にかかわる軍人や官吏であって、一般国民の関与は少ないと考えられる。それにも拘らず防諜を国民に強いるのは何故かとい

うことになるが、田中隆吉兵務局長は衆議院における国防保安法の審議の冒頭で、

日本人ハ非常ニ道徳性ノ高イ正直ナ民族デアリマス、嘘ヲツクナト云フ風ナコトハ非常ニ能ク行ハレテ居ルノデアリマス、随《したが》テ付合フ外国人ノ間デモ、ヤハリ日本人ノ美徳デ聴カレルト正直ニ言フト云フヤウナ訳デ、意識セズシテ、或ハ日本人ノ美徳ト申シマスカ、嘘ヲツカナイト云フヤウナ点カラ、相当重大ナコトヲ漏ラス虞《おそれ》ガアリマス

と説明している。

今日でも、日本は情報管理が甘く、機密情報でも洩れやすいといわれている。戦時でも、肝腎の軍人や政治家たちの、指導層の防諜観念の希薄さや、情報管理に対する認識の低さ、無神経ぶりが際立っていて、ゾルゲ事件などが起きている。偽情報に躍らされたり、私的な機関に依存したり、暗号が破られるはずはないと過信したり、暗号の鍵が洩れた時の措置を怠っていたなどという事例がそのことを裏付けている。

元參謀本部員だった堀栄三は、日本人は日本人を疑うことを犯罪と考えていたり、二世で肌の色が同じで、日本語を話せばもう日本人と思ってしまうなど、「日本人は実に、情報的にはおめでたい人種であった」と回顧している〔『大本営参謀の情報戦記』一九八九年、文藝春秋〕。

戦時の情報放送

一九四一(昭和一六)年一二月八日に太平洋戦争が始まると、人々は戦況に関する情報をラジオに求めた。このため、開戦直後、ラジオ販売店に購入者と修理業者が殺到し、ラジオはたちまち品切れ状態となった。

一九四四(同一九)年六月に、米機が中国大陸から始めて飛来し、北九州を爆撃した。大本営はその日の八時に、

本十六日二時頃支那方面よりＢ29及Ｂ24二十機内外北九州地方に来襲せり、我制空部隊は直に激圧し其の数機を撃墜之を撃退せり　我方の損害は極めて軽微なり

と発表したが、その時まで、福岡放送局は警報を放送しただけで、敵情についての報道はなく、電波は停止されたままであった。その後、敵の襲来を知らせる「情報放送」の必要性が検討され、七月八日に米機が再び九州を襲った時には、西部軍管区の作戦室から、「北九州地区に間もなく敵機進入すべし。警戒を要す」という放送がなされた。これが「情報放送」の第一号で、放送は軍が管理した(『日本放送史上巻』一九六五年、日本放送協会)。

一一月に入るとすぐに、本格的な東京空襲が始まった。最初に敵機が進入したのは一日の午後一時頃であったが、Ｂ29は爆弾を投下することなく、数十分で立ち去った。この時にできた飛行

機雲をめぐって、いろいろなデマが飛び交《か》ったらしい。飛行機雲を敵機撃墜の白煙と合点した話に尾ひれが付いたり、爆弾投下という噂もあったようである。

五日の朝には、静岡県のある監視哨が一万五千米遠方にある飛行機雲から、肉眼で敵機の進入を突き止めたという記事が『朝日新聞』に載っている。「防空情報」の基礎になっていたのが軍民監視哨で、それも、昼間は目視、夜間は爆音が頼りという話は、泥棒を見てから縄をなうようなもので、当時の本土防衛体制の脆弱さを暴露しており、いま読んでも背筋が寒くなる。

翌六日の東京上空には、再び幾筋かの美しい飛行機雲が現れたため、東部軍はラジオの「情報放送」で、「今朝来《らい》しばしば帝都南方上空に現れたる飛行機雲は友軍機によるものである」と指導したという。

その後、空襲は次第に日本国中に広がり、それが日課のようになった。敵機が襲来した場合には、あらかじめ警戒警報が出され、それが場所によって空襲警報に替わるはずであったが、警戒警報のない空襲もしばしば生じた。東部軍管区司令部では、米国機の接近を知りながら、天皇が警報のたびに防空壕へ避難する手間を慮《おもんぱか》って、警報の発令を出し渋ったこともあったらしい〔柳沢恭雄《やすお》『検閲放送』一九九五年、けやき出版〕。

防空に対するラジオの効果

一九四五（昭和二〇）年三月一〇日未明の東京大空襲については、鎌倉に住んでいた作家の高見順が九日付けの日記に次のように記している〔『敗戦日記』一九五九年、文藝春秋新社〕。

深更《しんこう》に及んで、B29の集団来襲。やはり来た。ラジオの情報は、はじめ三機がバラバラに来て、やがていずれも海へ去つたと言つた。だが、B29の音らしいのが頭上でして、東京の方へ行つた。友軍機なのだろうかと言つていると、ラジオがいきなり、B29数十機が関東地区一帯の上にいると報じた。戸塚、保土ヶ谷方面で爆弾投下の音がし、退避命令の半鐘がなつた。東に当つて、空が赤い。火事だ。風が強い。ラジオは焼夷《しょうい》弾を投下しているという。この風では——と胸が痛んだ。ラジオの情報は、ひどく間をおいて、うんともすんとも言わない。不安だつた。東京のどこがやられたのだろう。情報所もやられたのではないか。

警報はサイレンで伝えられたが、後にはその吹鳴時間が短縮された。警報のたびに防空壕に待避する国民にとって、ラジオで時々刻々放送される「東部軍管区情報」は敵機の進路を予測する唯一の拠り所であり、発表が遅い、機数などが大まかすぎる、情報用語が聞き慣れない上、難解であるといった非難はあったものの、「情報放送」は国民の防空指針として大いに期待され、重宝された。『放送五十年史』〔一九七七年、日本放送協会〕は、「空襲下のラジオは、警報を伝えるためのたいせつな情報源となり、防空ごうとともに、国民の生命を守る必需品となっていた」と回顧している。

童画家として知られる武井武雄の『戦中気侭《きまま》画集』〔一九七三年、筑摩書房〕には、「情報」という語がしばしば現れるが、その中に次のような記載がある。

(一九四四年一二月二八日)
青木さんの父さん一々情報を云ひに来てくれる　ラヂオ沈黙は生活の指針を失った様なものだ
(一九四五年二月二六日)
昨夜はB29三回
▲最初は八時半　警報なしで情報だけ　東北軍管区から侵入　はじめてのコースなり　情報を聞く為に我慢して浪花節《なにわぶし》をきいてゐる

「防空情報」がラジオから聞けるうちはまだよかったが、昼間、配電が止められた家庭や、空襲で家もラジオも焼け、聴取不能に陥った壕舎生活者の不便と不安は堪えようのないものであった。駅に専任の情報係が置かれたり、情勢が緊迫した六月には口伝《くでん》報道隊を組織し、新聞やラジオ以外に、口伝による報道宣伝を行う計画まで準備された。

ラジオ放送の受信契約数を見てみると、太平洋戦争の進行とともに増えつづけ、一九四一(同一六)年に六百六十万台だったものが一九四四(同一九)年には七百四十万台になったが、空襲の被害によって、一九四五(同二〇)年には五百七十万台に激減している〔『20世紀放送史　上』二〇〇一年、日本放送協会〕。

気象情報

天気予報などの気象に関する情報は、日露戦争でもまだ軍事的に重視されるまでには至っていなかったが、その後の航空機の発達に伴って、その重要度が急激に増大した。田山花袋の『海を越えて』〔雑誌『太陽』一九一五年一月号〕に「この頃の天気予報はよく中《あた》るからね」という台詞《せりふ》があるところをみると、大正初期の天気予報に対する信頼度は、結構高かったように感じられる。一九二三（大正一二）年一月一〇日の『大阪朝日新聞』を見ると、英国では民間飛行事業を補助すべきであるという声が高まり、「政府の飛行場の気象情報を蒐集供給」するなどして、ロンドンとパリの間に民間航路を再開することになった旨の解説記事があり、すでに「気象情報」という言い方が用いられている。

軍事面では、第一次世界大戦まで、情報勤務で収集する情報は敵情と地形に関するものが主であったが、それに、「気象情報」が加わるようになった。一九三八（昭和一三）年に制定された作戦要務令では、次に示すように「気象」が追加されている。

第六十九　情報勤務ノ目的ハ敵情、地形、気象等ニ関スル諸情報ヲ収集審査シテ指揮官ノ決心及指揮ニ必要ナル資料ヲ得ルニ在リまた第七十では、情報勤務規定に包含すべき事項の一つとして「戦車、砲兵、工兵、飛行機、瓦斯《ガス》、気象等ニ関スル特殊ノ情報ノ統制ニ関スル事項」を掲げている。

日中戦争に入ると、気象情報は軍事機密扱いになり、さらに、太平洋戦争の開始と同時に気象管制が実施され、気象台が軍の統制下に入った。気象観測データや、天気予報の一般公開は禁止されたため、農作業や漁業に著しい影響がでた。また、台風や洪水などによる風水害を予知したり、予防する手立てが失われ、各地でそれらによって生じる被害を増大させた。地震による被害状況も、報道管制によって過小評価され、東南海地震や三河地震のように、闇に葬られたものもある。

情報局の終焉

第二次世界大戦になって、新しい宣伝媒体として、直接遠距離に声を到達させる特性をもつ短波放送が偉力を発揮した。この特性を利用し、相手国の家庭受信機へこちら側の声を直接届けることが可能だったからである。列国は競って海外放送の整備拡張を行い、さまざまな政治的、謀略的放送を試みた。日本では許可なく短波の受信機を備えたり、販売することが禁じられていたので、一般の家庭で外国が流す短波放送を聴取し、敵性情報を得る機会はほとんどなかったが、日本からも各国語を用いて海外放送が全世界へ放送された。

しかし、各省庁の縄張り争いもあって情報宣伝行政は円滑に進まず、また、失敗を成功にみせる宣伝には自《おの》ずと限度があった。結局、情報戦には敗北し、後では戦争中にもかかわらず、日本は正直すぎて大嘘がつけないのだと公言するようになって、防諜という守りの体制の中で敗戦を迎える。

外務省ラジオ室に勤務していた池田徳真《のりざね》は、一九四三（昭和一八）年に彼らがまとめた『対敵宣伝放送の原理』の中で、次のように書いている（『プロパガンダ戦史』一九八一年、中央公論社）。

一体何時ノ頃カラカ知ラナイガ、日本ノ言論界デ「日本人ハ口下手デアリ、宣伝ハ至ツテ不得意デアル」トイフコトガ公々然トイハレ、又書カレテヰル。之レハ誠ニ不可解ナコトデアリ且ツ国民ノ宣伝、防諜ニ関スル知識ヲ向上サセル上カラ言ツテモ当ヲ得テヰナイ。「馬鹿、馬鹿」ト云ハレテ偉《かしこ》クナル子供ハマレデアル。何故ニ「日本人ハ宣伝、諜報、防諜ノ天才デアル。アノ忠臣蔵ヲ見ヨ、アレカラ二四〇年間ノサウイフ方面ノ進歩ハ驚クベキモノデアル」ト云ハナイノデアルカ。何故ニ英国人ハ宣伝ノ天才デ、吾々ハ宣伝ノ天才ト考ヘラレナイノカ。吾々ハ明日カラ宣伝ノ天才ニナラネバナラヌ。ソウ自惚《うぬぼ》レテ敵ヲ呑ンデ宣伝シナクテハ決シテ宣伝戦ニハ勝テヌ。コノ優越感コソ、宣伝放送必勝ノ信念デアル。

また、外交評論家であった清沢洌《きよし》は、一九四三（同一八）年一二月の日記（『暗黒日記』一九七九年、評論社）に、「日本が宣伝下手であるという事実が、日本人がアドミットする唯一の弱みである。他は総て日本人が優れていると思っているのに。我等から見れば日本人ほど自家宣伝をする国民は外にない」と記している。

今では、大本営発表が虚偽の報道を流したことがよく知られている。それらが事実と相違することは外国の電信を傍受する特権を与えられていた通信社は熟知してはずである。それでも国民を欺き、軍の情報宣伝に加担した。また、情報宣伝に新聞のはたす役割が大きかっただけに、新聞に対する統制は厳しく、過度の指導干渉によって、新聞は自主性を失いつつあった。新聞の見出しに使う活字のポイント数にまで注文が付けられたといわれている。それでも、大手の新聞社や出版社は、自主規制という戦争協力体制で戦時を生き抜いた。

こうした情勢の中で小磯内閣は一九四四（昭和一九）年一一月から翌年四月まで新聞人である朝日新聞社の緒方武虎を情報局総裁に起用した。しかし、情報局は戦局に関して自ら情報を収集する手立てをもっていなかったため、期待されたほどの成果を挙げることができなかった。

「情報」ということばが戦中、戦後に、急速に忌《い》み嫌われるようになった要因の一つはこの情報局にある。「情報」に「宣伝」を含め、戦時下にあっては、広範に言論や報道を管制、指導し、防諜を強制したからである。情報局が廃止されたのは敗戦後の一九四五（同二〇）年一二月末日であった。

「情報」のイメージ

私たちよりも年長の、いわゆる戦前派とか戦中派とよばれた人たちにとって、「情報」は非常に暗いイメージをもったことばであったようで、彼らの回顧談にしばしばこのことが触れられている。例えば、通信工学者の喜安善市《きやすぜんいち》は次のように記している〔NHK情報科学講座『通信と情報』一九六八年、日本放送出版協会〕。

最近はやや変って来たが、すこし前までは、国語の「情報」にはあまりかんばしくない感じがつきまとっていた。中には「情報」ときいただけでむしずが走るという情報アレルギーの人もいたという。いわく情報局、いわく情報屋、ここでもまた広辞苑を引いてみるに「事情のしらせ」——感じの悪いことは何ひとつないが、ただこれだけである。

小説家の小松左京は次のように書いている〔『諸君』一九六九年一〇月号〕。

ほんのわずか前まで、ふつう一般の語感で「情報」といえば、秘密情報（コンフィデンシャル）のことであり、「情報活動」は、つまる所「スパイ活動」の事だった。戦時中の「情報局」といえば、戦時下における広範な言論、報道管制をやる所だったし、「情報」と「諜報」とはきわめて似かよった概念だったのである。

また、文化人類学者の梅棹忠夫《うめさお》は「情報」について〔『情報論ノート』一九八九年、中央公論社〕、

そのことばでおもいおこされる内容というのは、まずそれは軍事機密情報であった。あるいは産業情報。要するに秘密くさいもの、なにかくらい影がともなうことばだったんですね。

と回顧し、「まさにスパイ、政治情報、経済情報、それを教えてもらったら大もうけできるものじゃないかというふうにとられた」という〔「月刊データ通信」一九六九年五月号〕。

このように「情報」はスパイ活動、諜報ないしは謀略活動、秘密情報、そして言論統制、憲兵の弾圧といったことばと深く結び付いた形で受け取られている。

情報屋

日本では、スパイとか諜報活動は武士道精神からみて卑怯な行為であるとみなされていたし、世間で一般に使われていた「情報屋」という呼び名は、かなり蔑《さげす》んだ言い方で、昔からあまり良い意味で使われることはなかった。

この「情報屋」という言い方が、いつ頃から使われだしたのかはっきりしないが、例えば一九三六（昭和一一）年刊行の『スパイ戦術と軍機保護警察秘録』〔寶來《ほうらい》正芳、良栄堂〕を見ると、「情報屋」というのはいろいろな情報を集めて、これを他人に売りつける人を指しており、株屋とか

政治家の間を、あっちにいったりこっちにいったりして情報を伝達して歩くが、資金が要らず、税金もかからないので、楽をして金を儲けようとする商売とみなされている。これは株の高低の形勢を内々に知らせて、金を得ることを商売としていた「チップスター（tipster）」や、相場界隈で会員を募り、通信を手段として詐欺師まがいの商売をしていた「通信屋（相場予測通信業者）」と、ほぼ同じ扱いである。

一九四一（同一六）年六月一九日の『報知新聞』では、農村を現地調査した記者が、霜害被害が深刻であるにも拘わらず陳情に及ばない農民の心情を思いやって、「農村出の代議士など中央にあつて、やれ蘭印問題がどうの、松岡（洋右《ようすけ》）がかういつた、平沼（騏《き》一郎）がどうしたなど高等情報屋然たるより、農村に帰つて農民と労苦をともにして農民の心からの相談相手となり、積極的に指導すべきではないか」と書いている。

しかし、「情報」の用例のほとんどは、諜報とかスパイを連想させるものではなかったはずである。実際に戦前の書物や、雑誌、新聞を調べてみても、「情報」はごく普通に使われており、「情報局」や「情報宣伝」といった熟語を除けば、特にそのような嫌悪感をもたらす意味合いで使われている用例が、ほとんど見当たらないのが不思議な位である。当時「銃後の少国民」だった私の耳にこびりついていたのは「東部軍管区情報」という放送用語であった。

第6章　現代の「情報」

1　情報化社会

情報理論

人類は、情報を巧みに利用しながらこれまで生き延びてきた。情報の有用性に対する問題意識は古くから存在していたにも拘わらず、情報が科学的に取り扱われるようになったのはごく近年になってからのことである。第二次世界大戦後、情報概念は通信工学や数学の世界に登場し、さらには社会科学の概念構成に影響を及ぼすようになり、日常的に「情報」ということばが口にされるようになった。「情報」ということばの第三世代の到来である。

一九二五（大正一四）年に、統計学者だったフィッシャー（R. A. Fisher）は information を初めて技術的な専門用語として用いたが、今日の情報科学の分野で用いられている情報という概念を最初に持ち込んだのはハートリー（R. V. L. Hartley）である。彼は一九二八（昭和三）年に発表した論文『Transmission of information』の中で、抽象的な情報を情報源の種類、伝達の方法、受信の機構といったものから切り離し、定量化してみせた。この方法論はシャノン（C. E.

Shannon）に引き継がれ、戦後間もなく情報理論が確立した。

この情報理論が日本に導入された時に、いち早くその理論に着目した人たちは information の翻訳語に苦慮した。例えば、一九五一（昭和二六）年の雑誌『科学』九月号に紹介記事を書いた東京大学の高橋秀俊（物理学、情報科学）は、理論名をそのまま information theory で、また情報は information またはインフォーメーションで記述している。その後もしばらくは、多くの人がインフォーメーションとかインホメーションといった仮名書きを用いていた（当時はインフォメーションではなくインフォーメーションと延ばして書くのが一般的であった）。

一方電波監理総局の関英男、喜安善市、室賀《むろが》三郎あたりは、一九五一（同二六）年頃から積極的に information theory を情報理論と訳し、多くの紹介記事を書いた。当時のようすを、関英男は『情報処理入門』〔一九八一年、東海出版社〕の中で次のように記している。

わたくしは戦後間もない一九五二年、郵政省技官の頃、アメリカのマサチューセッツ工科大学に客員教授として勉強にゆきました。この頃は、有名な N. Wiener 博士が“Cybernetics”という書物を一九四八年に出版し、また C. E. Shannon 博士が“Information Theory”の画期的論文を一九四八年に発表したばかりの時でした。わたくしは帰国してから、information を「情報」と訳し、いろいろな学術雑誌や書物で紹介しました。その頃まで、情報という言葉は軍事スパイや警察関係以外では使用されておらず、一種のタブー用語のセンスを一般の人々がもっていたために歓迎されませんでした。とくに通信学会のなかでその空気が強く、Information Theory 研究委員会は「インホーメーション理論研究委員会」と命名されました。今日、情報化社会などといって積極的に使われるようになったのは、裏にわたくしの宣伝力があったのです。

確かに、関は「情報理論」という語を使っているが、必ずしも一貫していたわけではない。一九五四年の『科学』六月号の論文では「インフォーメーション理論」と仮名書きしている。

情報処理

関の文章にも見られるように、太平洋戦争中に日本人が受けた「情報」ということばの印象は決してはかばかしいものではなかった。このため、「情報」ということばがごく普通の日常語として再び受け入れられるまでに、かなりの年数を必要とした。

一九五九（昭和三四）年六月に、ユネスコが主催した国際会議ＩＦＩＰ（Internatinal Federation for Information Processing）がパリで開催され、日本から四つの論文が発表された。この会議名は日本では「情報処理国際会議」と直訳されたが、命名者は、当時電気試験所の電子部長だった和田弘である。ただし、すでに述べたように、「情報処理」という言い方はこれが最初ではない。しかし、広く流通するようになったのはこの命名のおかげだったといってもよい。

日本では国産の電子計算機が勃興した時機でもあり、この会議に呼応して情報処理学会が一九六〇（同三五）年に設立されたが、当時、この学会名に首を傾げた人がかなり多かったという。学会創立十周年の記念講演で、初代会長だった山下英男（情報処理工学）がその時のようすを次のように述べている〔『情報処理』一九七二年七月号〕。

「日本情報処理学会」を作るときの話ですが、さきほど会長からもちょっと触れられましたが、名前にまず苦労しました。「電子計算機学会」にしようかとか、「電算機学会」にしようかというお話も出たのです。と申しますのは、当時、「情報処理」なんていうことばは、全く、われわれ一般には耳新しいことばでした。「汚物処理」とか、あるいは、戦時中の「大本営情報」なんていうことばを思い出す。あまりいい感じを与えなかったのです。

当時は、それほど、「情報」ということば自体が耳新しかった。ところが、現在は全くの日常語になって、この頃では情報ブームにわれわれはおぼれそうになっています。ほんとうに隔世の感がいたします。

情報科学

「情報科学」については、高橋秀俊が岩波講座『情報科学の歩み』〔一九七八年〕の中で、次のように書いている。

最後に、「情報科学」という言葉の由来について一言したい。私は、一九六〇(昭和三五)年に理化学研究所に新設された私の研究室の名前を何としようかと考えた末、「情報科学」としたのがこの言葉の元祖だと思っていた。しかしその後、九州大学の北川敏男教授が同じ情報科学という名で新しい学問分野を提唱されていたことを知った。そのどちらが時期的に先かは知らない。

なおこの言葉に相当すると見られるinformation scienceという英語はアメリカでは「図書館情報学」の意味で前からつかわれているので、この講座の内容をあらわすような意味には、あまり使われていないようである。むしろcomputer scienceという語が、われわれの情報科学に近いと思われる。一方、ヨーロッパ各国では、informaticsという新語(またはこれの対応語)が広く使われているようである。

調べてみると、北川敏男は『情報科学のはなし』(『教育と情報』一九七五年四月号)の中で、「一九六三(同三八)年頃、情報科学という名の学問分野を、いわば想定し、私どもの学問的な努力をとりまとめた方向付ける旗印としたのであった」と回顧している。したがって、理化学研究所の命名の方が数年早かったことになる。

理化学研究所に残されている文書を調べてみると、新設される高橋主任研究員の研究室名は当初自動制御研究室という案であった。その時、情報科学研究室またはインフォーメーション研究室という代案も挙げられていて、一九六〇（同三五）年三月の理事会で審議した結果、情報科学研究室に決定している。

この研究室は、引き続き、コンピュータの論理素子となるパラメトロンの独創的な発明・開発で知られる後藤英一（物理学、情報科学）が東京大学と兼務で担当した。後藤は百件を超える特許を出願しており、その中でも傑出していたのは可変面積型電子ビーム露光装置で、四億四千万円の特許実施料収入があったという。しかし、一九九一（平成三）年に後藤が定年退職したため、情報科学という由来のある名称の研究室は消滅した（因みに私はこの研究室の最初の研究員であった）。

大学の学科、学部、大学名

一九六二（昭和三七）年四月、東京大学工学部の応用物理学科が計数工学科と物理工学科の二学科に改組された。この時、計数工学科には数理工学と計測工学の二つのコースが設置されたが、情報工学科という命名案は教授会で一笑にふされて、全然問題にされなかったという（高橋秀俊、東京大学公開講座『情報』一九七一年、東京大学出版会）。この辺の事情について、当事者たちが何も記録を残していないのが惜しまれる。

大学の学科名に「情報」という語が使われだしたのは、もっと後になってからのことである。一九六六（同四一）年に慶應義塾大学文学部に文学研究科図書館・情報学専攻が、また一九七二（同四七）年に金沢工業大学工学部に情報処理工学科、東京工業大学理学部に情報科学科、京都大学工学部に情報工学科、大阪大学基礎工学部に情報工学科が設立され、その後続々と情報科学、情報工学、情報通信工学、情報管理、情報経営といった学科名が登場するようになった。「情報」は学部名に及び、さらに大学名にも使われるようになった。図書館情報大学は一九七九（同五四）年、東京情報大学は一九八八（同六三）年の設立である。ただし、図書館情報大学は二〇〇四（平成一六）年に筑波大学に吸収合併され、閉学している。

経済と情報

一九九一（平成三）年にフランスのヴァンドゥーブル・レ・ナンシーで開催された第三回日本の情報科学国際会議で、コトラー（Mindy L. Kotler）は次のように指摘し、米国での information と日本の「情報」との間には、意味することの受け取り方に大きな差があると主張した。

> 米国人の間では information の公開（openness）ということが伝統になっていて、経済などは information が自由で公共の財であるという前提に基づいている。それに対して日本では、information は軍事的な歴史を背景にしているため、情報を戦略財、ないしは希少なほど価値をもつ資源とみなしている。

ここでは、とりあえず information を「情報」と訳すことにして、コトラーのいう「情報は公開ということが伝統である」とか、「経済では情報が自由で公共の財である」という前提に違和感はないだろうか。しかし、経済の分野では伝統的に情報は自由財とみなされてきて、ほとんど学問の対象となることなく理論が構築されてきたという、歴史的事実がある。

情報社会論を展開した増田米二によれば、従来の伝統的な経済学で情報が主要対象からはずされたのは、情報が交換価値、すなわち、貨幣などによって購入し得る能力をもちにくい性格を本来的に内包しているからだという〔『情報経済学』一九七六年、産業能率短期大学出版部〕。

すなわち、情報は一般に広く知らされ、周知徹底されることによって、その効用が最大限に発揮される。しかし、いくら効用があっても、無償で、かつ自由に手に入るのであればそれは経済的な価値を持つ経済財とはなり得ない。一方、経済的に価値のある情報というのは、その需要者によって秘密裡に生産され、独占的に使用されることが多い。この場合、生産された情報は、そのまま商品として販売されずに、コストという最終製品の中に吸収されることになる。したがって、経済価値はあっても、その情報の経済価値は最終製品の価値、すなわち交換価値の一部になるため、それ自体を切り離した交換価値の価値の形をとり得ない。また、情報にはその生産者だけにとって効用があり、第三者にとっては無価値に等しいという特性があり、情報財が交換価値を持ちにくい一つの理由になっているというのである。

毎日新聞の経済部記者だった秋山哲によれば、経済学では情報は空気のように、必要であればタダで手に入れることができると仮定されていた。戦後になって、経済分析に情報理論を適用し、情報の経済学を発展させたのはスティグラー（G. Stigler）で、一九六一（昭和三六）年に『情報の経済学』を発表し、その功績で彼は一九八二（同五七）年にノーベル経済学賞を受賞している〔『情報経済新論』二〇〇一年、ミネルヴァ書房〕。

情報産業論

一九六〇（昭和三五）年頃から、「情報」という語は社会学や経済学の分野で頻繁と使われるようになった。大阪市立大学の梅棹忠夫（文化人類学）が『情報産業論』を掲載したのは『放送朝日』の一九六二（同三七）年一月号であるが、すぐにこの論文は『中央公論』の三月号に転載された。

新聞やラジオ、テレビといった代表的なマス・コミュニケーション以外に、商品として情報を扱う産業について論じており、当時の山本明のことばを借りれば、「この論文はマクロな文明史観にたって、今日の情報産業と将来に来たるべき情報社会について論じたものである」。それまでは、情報を売るという習慣が、ともすればいやしい行為と考えられてきたが、そこで扱われる情報が社会的価値をもつものとして認識され、やがては社会を覆いつくすことを予言するものであった。

また、社会経済学者であるダニエル・ベル（Daniel Bell）は産業社会の次ぎに来たるべき社会を post industrial society と称し、財物やエネルギーに代わって、知識情報が大きな価値を生産する時代の展望を示した。日本では、これに「脱工業化社会」という訳語をあてたが、この呼称では、次の社会の性格がまるで見えてこない。そこで、経済企画庁で長期計画に携わっていた林雄二郎（東京工業大学）が主査をしていた「科学技術と経済の会」の中の未来部会で「情報化社会」という語をつけることにまとまり、このことばを通用させたという。この辺の事情については、科学評論家である岸田純之助の『情報化新時代』（一九八四年、大阪書籍）にくわしく書かれている。

情報化社会

当時すでに、「情報社会」ないしは「情報化社会」ということばは使われていたが、それまでは電子計算機が主体となる社会という意味合いが強かった。それが脱工業化社会を象徴する名前として爆発的に流通することになり、その結果、その和製英語である information society が逆輸出されるおまけまでついた。

おそらく、「工業化」との語呂合わせで「情報化」という語が使われたのだと思われるが、この接頭語が何をイメージしていたのか、いまでもわかりにくい。最も未来を予測する話であるから、人それぞれに描く夢が異るのは已むを得ないところであろう。

「社会の情報化とは何か」という問いに対し、林雄二郎は『別冊　潮』の一九六八（昭和四三）年新年号の中で、「有形の物財が価値を生む社会から無形の情報、知識が価値を生む社会に変わること」と定義づけている。また、産業構造審議会情報産業部会の『情報処理、情報産業施策に関する答申』〔一九六九年〕では、情報化社会は「人間の知的創造力の一般的な開花をもたらす社会で、単純労働や資本にかわって、知的創造力が価値を生む源泉として認知される」と解説している。

こうして、一九六〇（同三五）年頃から「情報産業」「知識産業」「情報社会」といったことばが流行したのであるが、これには未来論者だけでなく、産業界や政府官庁の人々がかなり便乗したきらいがある。情報そのものよりも、「情報」ということばの方が氾濫したといってもよい。それが一九七〇年代に入ると、こうした流行語はやや下火となったが、情報技術の発展に伴って現実に高度情報化社会を迎えることになる。

情報手段が発達すると情報の独占性が進行する。このため、情報は大衆から剥奪《はくだつ》され、権力によって一般市民の手の届かないところへ吸い上げられてしまう危険性をはらんでくる。社会学者の稲葉三千男は「情報化社会とは、情報が大衆から剥奪された社会である」と定義し〔『経済評論』一九六九年九月号〕、梅棹忠夫は情報の公開制と独占に対する権力の介入が行われることが、情報化社会の成立要件だと指摘している〔『情報の文明学』一九八八年、中央公論社〕。

情報化週間、月間

一九七二（昭和四七）年に、当時の通産省は情報化社会の健全な発展を進める目的で、総務庁、経済企画庁、科学技術庁、大蔵省、文部省、運輸省、郵政省と連携して、一〇月の第一週を「情報化週間」と定め、広く一般国民を対象とした啓発・普及のための各種行事を実施することにした。全国各地で情報化に関する展示会や講演会を行うとともに、情報化の促進に貢献した個人や企業の表彰を開始した。最初の年の主題は「生活と情報化」で、電子計算機の利用が一般生活に入り込んできたので、コンピュータに対する拒否反応をなくす必要があるという考えが示されている。

したがって、ここでいう情報化はコンピュータ化を意味するものと解釈できる。この主題の表現では「電子計算機」と「コンピュータ」が混用されているが、一九六〇年代後半から大型の電子計算機に対して、中型のオフィスコンピュータやミニコンピュータ（ミニコン）が使われるようになり、やがてそれらが「コンピュータ」といういい方に置き換わっていく過渡期に当たる。

その後社会の情報化が産業分野から社会・生活分野へ、また大都市から地方都市へ広がり始めたため、一九八二（同五七）年から期間を週間から月間へ延長することになり、毎年一〇月を「情報化月間」としてさまざま行事を行うようになった。そしてこの頃から、パーソナルコンピュータ（パソコン）が登場してくる。

情報ボランティア

一九九五（平成七）年一月一七日に起きた阪神・淡路大震災では、地震発生後の情報を流通させる手段として、コンピュータ・ネットワークが脚光をあびた。

震災後の初期段階では、水やガスにくらべて電気の被害は軽く、比較的早期に復旧した。電話網とネットワーク回線は、ともに被害が少なかったが、電話は利用者が急増したため、直ぐに回線がパンクしてしまった。一方、インターネットは利用者が限られていたため、通常通りの通信が可能で、被災地と国内外の外部との間の通信と、救援活動に多大な効果を発揮した。

被災者の直接的な救援ではなく、むしろ救援活動の裏方として情報の収集・流通を図ったボランティアたちがいた。彼らは次第に「情報ボランティア」と総称されるようになった。彼らの活動例を、神戸大学の大月一弘（情報工学）は『情報ボランティアとコンピュータ・ネットワーク』〔一九九五年、神戸新聞総合出版センター〕の中で、次のように紹介している。

国内最大手の商用電子掲示板であるニフティサーブには、震災当日からさまざまな情報が掲示板に掲載され、掲示板はボランティアグループの生成に効果を発揮した。電子掲示板は同時に多数の人間と連絡ができるため、迅速な組織化が可能となった。

ニフティのバイク同好会グループは、掲示板で連絡をとりながら、バイクで物資の配送を試みたが、すぐに避難所でも物資配給所でも、誰も全体の状況を把握していないことに気付いた。情報化社会のはずが、実際には被災地に情報の断絶状態をもたらしていたのである。どこで、何が不足しているのか情報を収集しても、その情報の送り先がわからない。このような情報断層の狭間《はざま》で、彼らは藁にもすがる思いでそれらの情報をニフティの電子掲示板に掲載し、適切な受け手が現れることを期待した。

ところが、こうした情報をチェックしている人たちがいた。神戸市災害対策本部の物資配給拠点となっていた神戸市外国語大学では、NTTからボランティアとして派遣された技術者・研究者たちが、持ち込んだ電話回線やパソコンを使って、インターネットやパソコン上に流れる情報を片っぱしから読破していた。そして彼らはその中から重要な情報を見つけて、それを神戸市に伝える作業を行っていたのである。大都市災害におけるこのような支援活動は、まったく新しい試みであったために、彼らの仕事は試行錯誤の連続であった。

また、災害では、外国人や障害者たちがことばによる情報を十分に得られない、「情報弱者」になりがちになることが問題視された。

IT革命

情報技術という術語は、情報工学と併行して古くから存在していたが、これをITと表現するようになったのは、一九八〇年代後半に Information Processing（情報処理）が Information Technology（情報技術）と言い換えられるようになり、ITと略記されたことによる。日本では一九九一（平成三）年頃から新聞や雑誌でこの略語を見かけるようになった。日本DEC I／T研究会が出版した『I／T（インフォメーション・テクノロジー）が企業を変える』（一九九一年、ティビーエス・ブリタニカ）では、「I／Tはいわば、情報処理に関する最先端技術の総称と考えてよい」と説明している。ただし、西欧ではＩＣＴ（Information & Communication Technology）という表記の方が一般的である。

それが日本では、二〇〇〇（同一二）年七月に開催された九州・沖縄サミット（主要国首脳会議）で急に脚光を浴びることになった。日本政府がＩＴ革命をこのＧ８サミットの主要テーマとして位置づけ、沖縄憲章（ＩＴ憲章）の採択にこぎ着けたからである。軍事通信手段として開発されたインターネットが、冷戦体制の終結とともに我々の生活の中に入り込み、グローバリゼーションの牽引役となった。森喜朗首相は「ＩＴ戦略会議」を設置し、経済の活性化を目指した。

この「ＩＴ革命」ということばは、その年間に生まれた新語や、流行語の中で特に話題になったことばに贈られる「日本新語・流行語大賞」の一つに選ばれた。森首相がＩＴ革命を「イットト革命」といったという話が伝わっているが、それはさておき、ＩＴ革命とは何かという問いに対し、ＩＴ戦略会議の委員を務めた竹中平蔵は、「インターネットに象徴される情報技術による革命」と説明している（『朝日新聞』二〇〇〇年一二月二三日）。

また憲章では、国際的な格差の解消が提案されたこともあり、情報格差（digital divide）ということばが使われるようになった。

公的情報と個人情報

第二次世界大戦後、それまで叫ばれてきた言論と出版の自由に加えて、情報入手の自由が強く主張されるようになった。その一つの現れが一九四八（昭和二三）年一二月に国際連合の総会で採択された世界人権宣言である。国連人権高等弁務官事務所の公式サイトで各国語の翻訳ページを見てみると、その第十九条の日本語訳は次のようになっている。

すべて人は、意見及び表現の自由を享有《きょうゆう》する権利を有する。この権利は、干渉を受けることなく自己の意見をもつ自由並びにあらゆる手段により、また、国境を越えると否とにかかわりなく、情報及び思想を求め、受け、及び伝える自由を含む。

この「情報」の部分が、英語では information、仏語で information、独語で Informationen と訳されている。

この情報入手の自由は、「知る権利」ともよばれている。多くの国々で、第一次および第二次世界大戦の戦時下で採られた報道管制は、戦後の平時でも緩むことはなく、時の政府が国民の知る権利に答える可能性はほとんど期待できなかった。このため、知る権利を護る情報公開法という立法措置の必要性が生じてきた。

こうした世界の流れの中で、日本ではようやく二〇〇一（平成一三）年に情報公開法が施行され、公的な情報に対する政府の開示義務と説明責任が明示されるようになった。

しかし、自由に情報を流すことが、逆に人々の自由を奪うことになりかねないことを銘記する必要がある。個人情報については、一九七〇年代から多くの国々でそれを守るための法制度が整備されるようになり、日本では二〇〇五（同一七）年に個人情報保護法が施行された。

2 情報とは

情報のあいまいさ

日本で「情報」ということばが使われだしたのは明治初期であったが、百年以上も流通している間に、その拠り所となったフランス語の renseignement、ドイツ語の Nachricht および英語の information や intelligence などの語がもつ意味合いと、その時代変化、および日本固有の解釈とが入り交じって「情報」の意味する範囲が広がり、内容が多岐化した。また、従来使われてきた意味を超えた現象も起きるようになって、「情報」ということばのあいまいさが取りざたされるようになった。

人それぞれの立場によって「情報」の解釈は多種多様で、いろいろな「情報」の定義がなされている。情報コンサルタントだった笠《りゅう》伸平は、「信ずる神がちがえば言葉は通じない。「情報」というこの空気のようなものについては、みんな自分自身の神を持っているらしいのだ」（『情報科学』一九六五年第一号）と慨嘆したが、ことばの解釈の違いはいろいろな誤解と混乱を招きやすい。

石神まり〔図書館情報学〕は、既存の「情報」に関する定義の多くは、「情報」の日常的な用法を網羅したものではないという〔『Library and Information Science』No. 32、一九九四年〕。非常に乱暴な言い方かもしれないが、みんなが言っている「情報」をすべて包含したものが広い意味で使われている「情報」であって、個々の定義の多くは、広汎な「情報」の中で特定の属性をもった集合を指し示しているにすぎない。

情報の解釈例

例えば、社会科学では、意味のある、ないしは有用な情報だけを研究の対象にしている。『岩波社会思想事典』〔二〇〇八年〕を見ると、情報は「行為者にとって行動の選択につながるような「意味」と「価値」を持ち、認識の不確実さを縮減させる働きをする伝達内容」と記されており、価値を持たないものは情報でないという扱いになっている。後に常務取締役を務めた松下通信工業の唐津一〔システム工学〕によれば、情報の価値についての理論が発展したのは統計学者であったフィッシャー以降のことだという〔『放送朝日』一九六五年三月号〕。もちろん情報の価値というのは、情報それ自体にあるのではなく、情報にもとづいて起こした行動の結果によって評価されるものである。

それでは、「情報社会」ないしは「高度情報化社会」で対象としている今日的な情報とは、いったいどのような集合であろうか。これもまた乱暴ないい方をしてしまえば、この社会が対象としている主たる情報とは、実在するコンピュータで扱える情報である。すなわち、現存するコンピュータで実利的に記憶でき、処理でき、伝達できる、ディジタル情報である。

「情報社会」の初期では、当時のコンピュータが扱える情報はごく一部にすぎなかったが、情報技術と通信技術の発展によってその範囲はどんどん広がり、またその処理量も爆発的に増加しつつある。例えば、コンピュータが扱える情報媒体は最初は数値と文字であったが、それが絵や写真、音声、そして映像へと飛躍的に広がり、その応用面での発達は目覚ましいものがある。また、これまで知識と呼ばれてきたものの、かなりの部分がコンピュータで扱えるようになった。要は、これらの技術や、得た情報をどのように生産性に結びつけていくかが問題である。情報戦略がやがてＩＴ戦略ということばに置き換えられたのは、こうした時代の変化に対応したものである。

後で少し触れるが、「情報」の解釈の違いの中には、情報は人ないしは生物がこの世に現れた時から存在したと考えるのか、それとも、もっと以前の、宇宙が存在するようになった時からあったと考えるかという大きな立場の相違がある。

情報とは何か

高橋秀俊は東京大学公開講座で、「情報」について次のように述べている（『情報』一九七一年、東京大学出版会）。この説明は一般的で、非常にわかりやすい。

情報とは一体何かという問に、一言で答えるならば、それは「知る」ということの実体化である。つまり、われわれが、あるものについて「知る」ということは、何かしらを得たこと、何かを頭の中に取り込んだことである。その「何かしら」をわれわれは「情報」と呼ぶのである。

情報の中には、科学的な知識のように万古不易な真理としての知識も含まれるが、「いまは何時何分か」というような、本当にその瞬間しか意味をもたないような知識もまた情報である。「知識」という言葉も「情報」とかなり近い内容をもっているが、知識という場合には、普通は、言葉で表現できるような形でわれわれの脳に刻み込まれて、それを意識的に呼び起こして使うことのできるようなものに限られるのに対して、情報という場合には、眼や耳から入るすべてのものを含むはるかに広い概念と考えられている。

また、その受け取り手は、必ずしも人間とは限られない。機械が機械に情報を与えたり、また動物の体の中で、ある部分から別の部分へ、たとえば脳から筋肉へ、情報を送るというようなこともいうのである。そのような場合、「知る」という言葉は、広義に、擬人的につかわれているものと解釈する必要がある。

情報と知識

いま、人の情報活動に限定して話を進めれば、人の五感を通して得ることのできる知らせの全てが情報である。ただし、この知らせの受け手は存在しない場合もあるし、複数のこともある。人は何らかの選択基準でこれらの情報を取捨選別し、そのごく一部だけを受け入れ、それが要因となって何らかの変化がもたらされる。

この知らせは、いわばメッセージとでもいうべきもので、それをどう受け取ったかは、人によって、またその時の状況によって違ってくる。知らせによって知ったことの多くは、識ったといえるほどの重みを持っていない。また、有効な時間が限られていて、固定的、静態的な「知識」とか「データ」というよりも、変動的、動態的な「情報」といった方が実感に合っている場合が多い。その上、この受け入れた知らせを改めて「情報」と呼ぶことが多く、知らせてきたもの、ないしは知らせるものと、知ったもの、ないしは識ったもの、知りたいことの、すべての「情報」が錯綜した状態で日常的に使用されている。

ここで、情報の選別は必ずしも評価を意味するわけではない。受け入れた情報は玉石混淆《こんこう》で、役に立たないもの、必要のないもの、誤ったもの、不確かなものが混じっている。むしろ、我々が得る情報の大半はこのようなガラクタとでもいうべき範疇《はんちゅう》に属するもので、内容の不確実性は情報がもつ一大特性である。これらのガラクタの中から、「まこと」の情報を評価するためには、それが必要かどうかの見極めと、確からしさの審査が必要である。さらにその上で、それがどのような意味をもち、何と結び付くかの判定がなされなければならない。入ってきた情報と、その中から選別し、評価し、判定した情報を、共に情報と呼ぶことの不都合はしばしば論じられている。しかし、評価したはずの情報にガラクタが含まれていないかというと、必ずしもそうではない。また、選別や評価、判定に要する時間はゼロではないので、所詮得た情報は過去の知らせに過ぎず、すでに状況は変化していて、価値は下がり、場合によっては役に立たなくなっている可能性がある。

一方、知識は受け入れた情報を資料として、個々の人々がそれぞれの評価・判断で創り出したものである。こう解釈すると、量産することができると一般にいわれている情報の特性を知識は必ずしも持ちあわせていないことになる。また、「身につける」とか「培《つちか》う」ということばが「情報」には連ならないことから見ても、明らかに知識には情報と相容れない領域が存在している。大学の先生は自分の得た知識を一生懸命学生に教授しようとするが、聴いている学生にとってみれば、それは単なる情報にすぎず、耳を素通ししてしまうものが多い。

information と情報

戦後、「情報」は information の訳語として用いられてきた経緯があり、いまでは一般に、「情報」は英語の information とほぼ同義語と見なされている。「情報理論」「情報処理」「情報科学」「情報社会」といった、戦後を代表する新しい合成用語に使われてきた「情報」は、すべて

information に対応する。

この経緯は、国語辞典の説明に反映されている。

例えば、新村出が編輯した『広辞苑』〈岩波書店〉で見てみると、一九五五〈昭和三〇〉年に発行された初版では、単に「事情の知らせ」という説明だけであった。この表現は同じ新村出が編輯し、一九三五〈同一〇〉年に博文館から発行された『辞苑』を踏襲したもので、一九〇七〈明治四〇〉年に三省堂が発行した、金沢庄三郎編の『辞林』に掲載されている『情報』の説明を引き継いでいる。

それが、一九七〇〈昭和四五〉年発行の第二版では、

(information) 或ることがらについてのしらせ。

に替った。ここで特記すべきは、外国語が付記されていることである。『広辞苑』は外国語辞典ではないので、外国語が付けられているということは、「情報」が外来語であることを意味する。すなわち、「情報」が information の訳語として充当されていることをわざわざ示しているのである。

『岩波国語辞典』では、一九七九〈同五四〉年の第三版で、次のように「情報」の項の表現が変更された。

①ある物事の事情についての知らせ。「海外―」②それを通して何らかの知識が得られるようなもの。▽information の訳語。「データ」が表現の形の面をいうのに対し、内容面を言うことが多い。

また、一九八五（同六〇）年に出版された『新潮現代国語辞典』で、「情報」は、

（一）ある事柄に関する知らせ。　（二）(informaton) 文字・記号・音声などにより伝達される知識・知らせ。

と記載されていたが、編者である山田俊雄は二〇〇〇（平成一二）年の第二版で、（一）に「兵員要語帳」の用例を追加した。

旺文社の『漢和辞典』は一九六四（昭和三九）年に出版されたが、一九八六（同六一）年発行の改訂新版で、「情報」の項に「information の訳語」という記載が追加されている。

intelligence と情報

一方、英語の intelligence も「情報」と訳されることが多い。information と intelligence は

どう違うのだろうか。

一般に、information は人に伝えられるものを意味するのに対して、intelligence はそれを得ることによって何かを理解しようとするものを指しているように思われる。ともに意味しているものは近いが、応用面で違いがある。information は一般的で、その適用範囲は広い。我々に伝えられるものは、公共的なものであろうと私的なものであろうと、また公開されたものであろうと非公開であろうと、すべて information である。一方、intelligence は information の特定の形態で、公共性のあるものをいうことが多い。information は口から発せられたことばか、書いたもので伝えられるが、intelligence の多くは、書いたものか印刷されたもので伝えられる。

オックスフォード英英辞書（ＯＥＤ）で intelligence を見てみると、二〇〇二年版の七番目の項目に「他の人によって伝えられた、または他人が得た事象に関する知識。特に軍事的に価値のある information」という解説がある。その引用文献で「この言葉は一六世紀から軍の技術用語として用いられていたが、一九一四―一八年の第一次世界大戦で infomation を扱う参謀幕僚局を特に意味して用いられるようになった」という、一九二五（大正一四）年出版の兵語辞典の説明が紹介されている。

また、普仏戦争以降の一九世紀末期に情報機関を設け、もっぱらドイツを対象として軍事的機密の偵諜に努めたのはフランスであるが、そのフランスの Spy Department が粉飾されて、Intelligence Bereau と言い換えられていたという事例がＯＥＤの同じ項目に引用されている。

ただし、これは英語の話であって、フランス語で intelligence（アンテリジャンス）が軍用語として使われているというわけではない。

このように、intelligence は、すでに一九世紀末には組織名として対敵情報活動機関の意味合いで使われている。ここで、対敵情報活動というのは、軍事上ないしは政治上の指導に資するために、兵語でいう「諜報」を特殊な機関などで収集、評価、配布することを意味する。OEDの「他の人によって伝えられた、ないしは他人が得た事象に関する知識」を「間接的に得た情報」とみなせば、これはまさしく兵語でいう「諜報」に相当している。

第一次世界大戦後しばらく、日本では、一般名詞の intelligence は「諜報」と訳されていた。しかし、「諜報」という漢語から一般の人が連想するのは「スパイ」であり、隠密の、非合法的な行為である。このような暗いイメージを回避する意図もあって、次第に intelligence は「情報」と訳されるようになった。

OEDの intelligence

OEDのそれ以前の版で intelligence と「情報」の関係はどのように記述されていたのだろうか。これについては一九九二（平成四）年に神戸大学の中川ゆきこ（英文学）が調べたまとめが『神戸大学附属図書館報』（二巻二号）に掲載されている。この資料は一般には手に入りにくいと思われるので、そのまま引用することにしたい。

ＯＥＤの編集は第二版からコンピュータ化された。正確迅速な訂正、追加が可能になり改訂版の刊行も容易になれば、宿命的なタイムラグも縮まることだろう。しかし補遺《ほい》に補遺を重ねる効率の悪さがかえって鮮明にする事実もある。名詞 intelligence の情報の語義のうち諜報活動・機関の用法は一九三三年の辞書本体では†印（廃用）になっていた。しかし、同年の補遺ではこれが「現代戦で復活」と訂正してある。例文も一例だけで、intelligence は軍事情報の意味、第一次大戦では軍諜報部を指して使われたという軍用語解説（一九二五年）である。そして情報部、情報機関の語句が新たに採録されている。水田遺跡に残る古代人の足跡とまではいかないが、歴史の足跡を見る思いである。一九七六年補遺ではその跡は薄れる。情報の語義には軍事情報が追加され、先の例文もそこへ移される。訂正語句「現代戦で復活」は「†を消去」に変わり、別の例が並ぶ。そして今、修正が記述の中に解消し、一九二五年の例文も時代順に並ぶ多くの例の一つにおさまった第二版の頁に驚きはない。

これらのＯＥＤの記述は、第一次と第二次世界大戦のそれぞれで、intelligence の軍事的な解釈が大きく変化したことを示唆《しさ》している。

ケントの解釈

歴史学者だったシャーマン・ケント（Sherman Kent）は、一九四一―四七（昭和一六―二二）年にアメリカ政府機関であるＯＳＳ（Office of Strategic Services）に移り、戦略的情報提供の任に当たった。その後、彼は情報業務の分析的研究を『米国の世界政策のための戦略情報（Strategic Intelligence for American World Policy）』〔一九四九年、プリンストン大学プレス〕にまとめた。

ケントのいう intelligence は、ある目的に合致し、その要請に応えるために選ばれ、整理された知識（knowledge）である。すなわち、intelligence は information を評価、判定したもので、ある対象物に対して行動を起こすさいに必要な information を総合的に処理して得た知識である。軍事面では実在している敵、ないしは想定される敵に対して、国防上および作戦上必要とする敵の意図や勢力、戦争遂行能力、弱点、それに味方の国力、予想される軍事行動、地形、気象などに関して得た知識であり、極端な場合には防諜が含まれる。また、政治面では対外的な国策を決定する場合に、その基礎となる知識である。

ここでいう intelligence はおおむね機密事項であり、権威化された情報を意味する。権威化するためには情報を扱う適切な機関で、情報を扱う専門家を養成し、その業務に当たらせることが必要である。権威のない情報は独善的な作戦を容認し、最終的には失敗に陥る危険性が高い。

最近の軍事、政治、経営面で用いられている「インテリジェンス」はもっと端的な使われ方をしており、選《よ》りすぐられた情報を意味する。外交ジャーナリストで作家の手嶋龍一は、二〇〇六（平成一八）年に開催された「毎日21世紀フォーラム」の講演の中で次のように説明している〔『毎日新聞』二〇〇六年五月八日〕。

「インテリジェンス」に当たる適当な日本語はない。多くの情報から慎重に選び抜かれ、企業ならトップ、政治家なら大統領や首相などかじ取りを任された最高責任者だけの決断に資するものが「インテリジェンス」だ。

軍事用語での使い分け

すでに述べたように、英語辞典では第一次大戦後に、一般名詞の訳語として information に「情報」、intelligence に「諜報」を充当したのだが、戦後、軍事用語では、それぞれにどのような訳語を当てて区別しているのであろうか。

例えば、一九六五（昭和四〇）年に防衛庁の陸軍幕僚部がまとめた『米軍用語集』を見ると、次のように日本語の訳語と解説がつけられている。

information　情報〔資料〕
　情報（intelligence）と区別すべきときに限り「情報資料」という。
intelligence　情報
　この情報とは情報資料（information）を審査した精度の高いもの。

この使い分けは戦後の防衛庁や軍関係の資料でほぼ統一した扱いである。

しかし、この命名には無理があって、押しつけられても、一般にはほとんど受け入れられていない。「諜報」を避けて、intelligence に別の語を置き換えたのならばともかく、以前から information に馴染《なじ》んできた訳語を横取りすれば、information の訳語に窮することは明らかである。現に、『米軍用語集』では同時に次に示す解説も掲載されていて、この使い分けは整合していない。

intelligence information　情報たりうる資料

情報を作るのに使用する各記述材料。事実、観察又は観測、報告、流言、写真、文書等を含む。

すなわち米軍では、intelligence を作り出すのに用いられた information を intelligence information と呼んでいるが、もし intelligence を「情報」と名付けるのであれば、intelligence information に「情報資料」が対応することになる。しかし、それは information の部分集合であって、information そのものではない。したがって、intelligence が information を資料呼ばわりして「情報」と名のるのは、庇《ひさし》が母屋を乗っ取るようなもので、到底容認することができない。

元外務官僚だった文筆家の佐藤優《まさる》によれば、外務省では intelligence に「特殊情報」という訳語を充てているという〔『週刊東洋経済』二〇〇八年七月五日号〕。このように intelligence を「特殊情報」とか「インテリジェンス」と仮名書きする方がよほどすっきりしている。もし、どうしても漢語を訳語として充てたいのであれば、information に「情報」を充て、intelligence にそれ以外の漢語を充てるのが妥当であり、「諜報」を回避したければ造語するしかない。

日本では information や intelligence だけでなく、data や news までが「情報」とみなされているふしがある。このさい紛らわしい data, news, information, intelligence を「報」でまとめて、それぞれ「録報」「新報」「情報」「聡報」と書いて区別してみてはどうか。

情報の不確実性

「情報」はさまざまな形容詞が付随した形で用いられていることが多い。それらの形容詞のいくつかを例に挙げれば、「必要な」「重要な」「有用な」「役立つ」「好みの」「聞き心地の良い」「不都合な」「悪い」「適確な」「はっきりしない」「誤った」「信頼できない」「綿密な」「詳細な」「豊富な」「雑多な」「断片的な」「部分的な」といった表現が目に付く。これらをみると、相反する言い方の、双方が用いられていることが多く、このことは、「情報」がその両面を持ち合わせていることを意味している。

情報には常に不確実性が伴っている。一つは情報それ自体の不確実性であり、もう一つは情報の効用の不確実性である。情報がどれだけの効果をもたらすかは、これを利用する人間や組織の、目的志向的な行動能力に大きく依存している。

情報を処理する上で、最初の段階になすべき重要な作業の一つは、情報の確からしさと有用性の審査である。しかし、この審査は言うは易《やす》く、行うは難《かた》い。決定的な方策のない、永遠の課題といえる。二〇〇二（平成一四）年度から始まった高等学校の情報教育の指導要綱に、情報の収集には情報の信頼性・信憑《しんぴょう》性を意識し、認証することに注意が必要だと記されている。しかし、それを見極める手段として何を教授すればよいのかについては何等触れられておらず、単なる観念論を述べられても、教育の現場では戸惑うばかりである。

情報が信頼できるかどうかは、情報を収集した人の確からしさと、情報源、ないしは情報発信者の確からしさが一つの目安になる。しかし、これとても、主観的な判断が頼りになっている。ここで重ねて強調したいことは、情報を収集する人に情報を審査させてはいけないということである。そうしなければ、投げたピッチャーが自らストライクかボールかの判定をするようなもので、審査の意味を成さなくなる。

情報には色が着いている

革マル派の最高指導者であった黒田寛一《ひろかず》は『覺圓《かくえん》　現実を読む』〔一九九二年、こぶし書房〕の中で、次のように記述している。

いいかね。流される情報は〈客観的報道〉の名において情報を流す主体の価値意識によって濾過され彼らの価値判断によって加工されデフォルメされているのだな。（中略）情報は客観性を装ってはいるけんど、この情報はそれを流す主体の価値意識の表現であるという側面をおいらは忘れてならんな。情報の送り手の質を、その階級性やその党派性を考慮し斟酌《しんしゃく》しなくてはならん、つねによ。あらゆる情報には、それを流した主体の思想性や階級性や党派性やが、時には謀略性やが対象化されている。特定の認識主観と統一された客観の対象的表現形態として、どのような情報もとらえられるべきなのだな。

ここで覺圓がいうように、人が流す情報は、一見客観性を装っているが、情報を流す主体の価値判断などによって変形して伝わるのが普通である。もちろん、意図的に情報操作がなされることもあるが、無意識のうちに情報は処理され、偏ってしまう。例えば、落葉という自然現象を見て秋の訪れを口にするように、視覚が捉えた落葉というありのままの知らせと、秋の訪れの認識とは同一過程で起こる別な側面である。情報には、それを伝えたり、報道したりする人の解説や見方、意見がかなり加味されてくる。

このように、情報は処理されやすく、変形して伝わりやすいものであるから、色の着いた情報の送り手の質や経験、思想などを考慮したうえで受け取った情報を捉えていかなければならない。情報に色を着けるということは情報に情けを加えることに他ならず、この情けが本来の情報がもたらすはずのまことの知らせを歪めて伝え、信憑性をゆるがす大きな要因となっている。

しかし、情報の確否は多くの場合時が解決してくれる。一時的に人は欺せても、時を欺すことはできない。

情報は情けに報いるか

「情報」と「情」との関連ですぐに私の頭に浮かぶのは、第一次世界大戦で、世紀の女スパイと呼ばれたマタ・ハリ（Mata Hari）が「情を通じて」情報を得たという文言と、沖縄密約の漏洩事件で、毎日新聞の政治記者が「ひそかに情を通じて」情報を得たという起訴状である。

国税局査察部の情報部門のことを、隠語で「ナサケ」というらしいが、もともと「情報」の「情」は「ありさま」とか「まこと」「ことわり」を意味していた。しかし最近では、これらの意味合いがだんだん薄れてきたか、忘れ去れつつあるようで、「なさけ」と解釈する人がどんどん増えてきているように感じられる。そのせいか、情報を「情けに報いる」と解釈する人がいて、結構うけているように見受けられる。どうやら、「情けは人の為ならず」ということらしい。

長山泰介が「情報」の鷗外造語論を発表した翌年の『時事英語研究』〔一九八四年四月号〕で、「ニューメディア時代の英語」という特集座談会が組まれている。その中で、博報堂の情報事業計画部に所属していた小川明が、英語の information と intelligence の双方が「情報」という語で一律に訳されていることに触れて、最初にお話しておいたほうがいいと思いますが、日本人は「情報」というと、情報という言葉しか知らないわけですね。何か一説によると、森鷗外の訳だそうですね。「情けの知らせ」という。

と発言しており、このことを毎日新聞の前野和久記者が九月二一日の朝刊に『変遷続ける「情報」の意味』という記事で紹介している。

小川明は『表現の達人・説得の達人』〔一九九一年、ティビーエス・ブリタニカ〕で「情けの知らせ」を「情けの報らせ」に置き換えて「情」と「報」の違いを論じており、「報」を「報い」と解釈しているわけではない。おそらく、小川の記事から「情けの知らせ」↓「情けの報らせ」↓「情けの報い」という連想が働いて、「情けに報いる」という誤解が生じたのではないかと想像する。

また情報の「情」を「こころ」と解釈する人も年々増えてきたように感じられる。文字通り情報の「情」は「こころ」を表すなどと書く人も現れた。例えば前野和久は情報は「心のエネルギー」であるという言い方をしている〔『情報経済」とは何か』一九九二年、PHP研究所〕。

情報はまことの知らせ

私はこうした「情けに報いる」とか、情報の「情」は「なさけ」とか「こころ」であるという解釈に与《くみ》しない。広辞苑〔二〇〇八年、岩波書店〕を見ると、「報いる」には「受けた恩義・行為に対して、相応のことを返す」という意味と、「受けた害や行為に対して仕返しをする」という意味がある。もし、前者の意味で用いているとすれば、情報はそれを受ける人にとっても心地の良いものと解釈していることになるが、はたして、情報はいつも報われるものであろうか。それとも報われるものだけを情報と呼ぶのであろうか。

社会科学では価値のあるものだけを「情報」と呼ぶが、何かそのことと取り違えているように思える。例えば、親会社が潰れそうだという情報は、子会社の社長にとって非常に価値があるが、決して好都合な情報ではない。情報から「なさけ」を感じることがあっても、情報に「なさけ」があるわけではない。むしろ、「なさけ」は情報を歪める要因となっている。

「情報」に期待するのは「ありのままの知らせ」である。しかし、実際に起こっていることや、知り得たことは、必ずしも自分にとって都合のいいことだけとは限らない。むしろその方が少ないのが現実であろう。たとえそれが良い知らせであっても、疑ってかかる必要がある。現実は厳しく、冷たいものであり、我々はその知らせに、その都度判断なり、対応を迫られている。情報はいつも我々に味方するわけではない。

梅棹忠夫は『情報の文明学』〔一九八八年、中央公論社〕の中で次のように述べている。

情報に対するかんがえかたが、いまはひどく実用主義的になっていて、情報はなにか役にたつものだとおもいこんでいるひとがおおい。

情報というのは「こんにゃく」のようなもので、情報活動というのは、こんにゃくをたべる行為に似ています。こんにゃくはたべてもなんの栄養にもならないけれど、たべればそれなりの味覚は感じられるし、満腹感もあるし、消化器官ははたらき、腸も蠕動《ぜんどう》運動をする。要するにこれをたべることによって、生命の充足はえられるではないか。情報も、それが存在すること自体が、生命活動の充足につながる。情報活動が、べつになにかの役にたたなくとも、それはそれでよろしい。世のなかには、なんにもならない情報が無数にある、それでいい、というわけです。

情報は物理的なもの

DNAの二重らせん構造が発見されたのは一九五三（昭和二八）年のことであるが、その後、DNAの中に、細胞が作るたんぱく質のアミノ酸の並び方を規定する、遺伝子暗号が入っていることが明らかになった。DNAは遺伝情報を世代を通じて運ぶ役割を担っており、情報は親から子へ、子から孫へと受け継がれる。

この発見によって生物学に新たに情報という概念が導入され、生物学は大きな転換期をむかえることになった。また、それだけではなく、一般の情報の解釈に大きな疑問をもたらした。

遺伝子に収まっている情報は単に自らを複製するだけで、宿生している生物に有効な効果を及ぼすわけでない。たとえ有害な遺伝子であったとしても、他の遺伝子と同様に自らを複製するだけで、書き換えることはほとんど不可能といってもよい。したがって、従来の、情報は生物にとって意味のある作用を惹き起こすもので、生物にとって重要なもの、価値のあるものという考え方は見直さざるをえなくなった。

水素と酸素は結合して水となる。この化学変化をもたらす情報を水素と酸素が持っていると解釈すれば、情報は宇宙が創り出された時に、すでに存在していたと考えるのが自然である。セス・ロイド（Seth Lloyd）は、ビックバーンの後で、宇宙を構成していたさまざまな構成要素があらゆる形の情報処理を試す中で、やがて量子論的な偶然がもととなり、いくつかの構成要素が自己複製するアルゴリズムを見つけ、そしてこの偶然が生命をもたらしたと説明する〔水谷淳訳『宇宙をプログラムする宇宙』一九〇七年〕。

自然界は物質とエネルギーと情報という三大要素から成立っている。情報は物理的なもので、宇宙にあるすべては情報の理論にしたがっている。存在する情報はすべて物理系によって記憶されており、すべての物理系は情報を記憶している。

あとがき

なぜそんなに「情報」ということばにこだわるのかと、よく聞かれるのだが、大学で情報関連の講義をしていると、必ずどこかで「情報とは何か」というテーマに触れざるをえなくなる。ところがこの説明は非常に難しくて、いまでも上手くできるかどうか、自信がない。いろいろ錯誤しながらあれこれ知恵を絞り、講釈するわけだが、そうなると、こんどはいったい何時から、どのような意味合いで「情報」ということばが使われだしたのかということが、大変気になってくる。

「情報」は文豪森鷗外が造語したという話はもっともらしい。しかし、人の話をそのまま孫引きするのは気が引けたので、その語源を自分で確かめてみようと思い立ったのが、「情報」という語の用例を調査するようになったそもそものきっかけである。

いまでも早稲田大学の構内で、一九九〇年春の情報処理学会の講演を済ませた大島進さんに声をかけた時のことを思い出す。それから短期間に何度もお互いに手紙と電話で連絡をとりあいながら資料を追いかけて、「情報」の最初の用例を探し歩いた。その道筋は神戸大学教養部の紀要に記した通りである。

鷗外造語説が誤りであるということが明白になったので、そのことをどこで公表しようかと迷って、八月の下旬に、当時『日経メディカル』の編集長だった澤井仁さんに相談した。そこで、「情報」の話は会社の社長さんが訓示に引用することが多いので、『日本経済新聞』に書いてみたらどうですかと勧められ、新聞社の編集者の方を紹介していただいた。

その後、勤めていた教養部の改組に時間を取られ、調査はあまり進展しなかったが、神戸大学を退職する時にどうしても解決したかった課題が三つ残った。それは、『仏国歩兵陣中要務実施演習軌典』の原本を探し、「情報」のフランス原語を確認すること、訳者である酒井忠恕の戸籍か過去帳、それに写真を探し出すこと、そして「情報」を最初に用いた法律を見つけ出すことである。最後の課題は、法律では用語の定義を明確にした上で適用されているはずだと考えていたからである。これらの宿題は幸いにして次に就職した私立大学の勤務期間内に達成することができた。

二〇〇四年末に、情報処理学会の学会誌『情報処理』の編集長だった和田英一さんから原稿依頼があり、「情報」ということばの変遷について三回連続で掲載することになった。それまで、私の調査の中心は明治期であったが、初めて現在に至るまで通しで変遷をまとめてみることにした。連載では和田さんに、なかなか戦後に到達しませんねとこぼされたが、その時の構想がこの本のもとになっている。

教職から離れる直前に、ある人からこれは先生のライフワークですねといわれて思い直し、「情報」という語の用例の調査を続けることにした。その結果新しくわかったことがいくつかでてきて、この本に盛り込むことができた。

この本は、戦後の使われ方についても簡単に触れているが、「情報」ということばが戦前にどのようにして現れ、どう一般化し、定着していったかを主題として記述したものである。情報社会が到来するまでの「情報」ということばの成り立ちを知る上で、礎になれば幸いである。

資料の大半は国立国会図書館、国立公文書館、神戸大学図書館を利用して閲覧した。調査の段階では、多くの方々に、助言や援助を頂いた。また、この本を出版するにあたっては、辻一郎さんと大岩元さんにいろいろとお骨折りを頂き、冨山房インターナショナルの坂本喜杏社長、新井正光編集主幹に多大のご配慮を頂いた。謹んで感謝の意を表したい。

二〇一六年五月

小野　厚夫

人　名

索　引

小野厚夫（おの　あつお）
1936年仙台市生れ。東北大学原子核理学科博士課程単位取得中退。理学博士。理化学研究所研究員、高エネルギー物理学研究所助教授、神戸大学教授、大手前大学教授を歴任、神戸大学名誉教授。
専門は原子核および素粒子物理実験、情報科学。オンライン・コンピュータ、電子光学系、泡箱写真自動解析装置、中性子ラジオグラフィー、衛星画像による植生解析などの開発研究に従事。
主な著書は、「情報科学概論」(共著、培風館、1992年増補)

情報ということば
―その来歴と意味内容

二〇一六年五月二十日　第一刷発行

著　者　小野厚夫
発行者　坂本喜杏
発行所　株式会社冨山房インターナショナル
東京都千代田区神田神保町一-三　〒一〇一-〇〇五一
電話〇三(三二九一)二五七八
URL: www.fuzambo-intl.com
印　刷　株式会社冨山房インターナショナル
製　本　加藤製本株式会社

ISBN978-4-86600-009-1 C0081